本书受湖南省自然科学基金青年项目"新一轮土地确权的资源配置效应及作用机制研究"（2021JJ40299）、湖南省社会科学院智库研究专项重点课题"农户土地流转配给及福利损失研究"（19ZHB03）资助

土地确权对农户资源配置及生计的影响研究

史常亮◎著

中国财经出版传媒集团

经济科学出版社
Economic Science Press

·北京·

图书在版编目（CIP）数据

土地确权对农户资源配置及生计的影响研究／史常亮
著. -- 北京：经济科学出版社，2023.9
ISBN 978 - 7 - 5218 - 5195 - 3

Ⅰ.①土… Ⅱ.①史… Ⅲ.①土地所有权 - 影响 - 农
户经济 - 资源配置 - 研究 - 中国 Ⅳ.①F325.1

中国国家版本馆 CIP 数据核字（2023）第 182108 号

责任编辑：汪武静
责任校对：王肖楠
责任印制：邱　天

土地确权对农户资源配置及生计的影响研究

史常亮　著

经济科学出版社出版、发行　新华书店经销

社址：北京市海淀区阜成路甲 28 号　邮编：100142

总编部电话：010 - 88191217　发行部电话：010 - 88191522

网址：www. esp. com. cn

电子邮箱：esp@ esp. com. cn

天猫网店：经济科学出版社旗舰店

网址：http：//jjkxcbs. tmall. com

固安华明印业有限公司印装

710 × 1000　16 开　13.75 印张　200000 字

2023 年 9 月第 1 版　2023 年 9 月第 1 次印刷

ISBN 978 - 7 - 5218 - 5195 - 3　定价：68.00 元

（图书出现印装问题，本社负责调换。电话：010 - 88191545）

（版权所有　侵权必究　打击盗版　举报热线：010 - 88191661

QQ：2242791300　营销中心电话：010 - 88191537

电子邮箱：dbts@ esp. com. cn）

序

　　"土地确权"，简单理解就是"确定土地的产权归属、明晰权利范围"，具体则表现为经过地籍调查、权属审核、登记造册、颁发证书等一系列环节，对农户依法享有的土地承包经营权进行确认和确定。自家庭联产承包责任制实行以来，我国先后进行了三轮农村承包地的登记确权颁证工作。其中，前两轮确权受限于当时的政策环境，实施效果并不理想。为维护农民的土地权益，中央从2008年开始着手推动新一轮的农村土地确权改革，首次提出在土地实测基础上对农户承包地进行确权登记颁证，"把承包地块、面积、合同、权属证书全面落实到户"。至2018年，本轮确权工作基本结束。

　　作为一种基础性制度安排，土地确权被各方寄予厚望。其经济效应如何？土地确权后，对农户的生产生计将会带来哪些影响？这些问题引起了学界的浓厚兴趣。史常亮博士作为青年一代研究者，在攻读博士期间就开始致力于这方面研究，并颇有高水平的研究成果发表。工作后，作者有更多机会深入基层，经验更加丰富，对农村土地制度相关问题的认识也提高了，不囿于所谓主流的判断，更加敢于向定式提出挑战。这本新作是史常亮博士近期关于农村土地产权制度问题研究的思考结晶，集作者在该领域思考之大成。全书不仅对中国农村土地确权问题进行了系统深入的分析，而且为我们理解土地产权制度如何影响农户生产生活提供了独特的视角。一方面，这本书的研究主题非常重要。土地作为农业生产的基本要素，是万物生存之源、立国富民之本，在农户生计和农村社会经济发展中都扮演着至关重要的角色。土地确权作为一种自上而下的正式制度输入，直接影响着农户的资源配置行为乃至整个生计状况。然而，如何理解和把握这些影响，以及如何在土地确权的背景下优化农户的资源配置和生计策略，仍是需要深入探讨的课题。这本书正是围绕这些问题展开研究，其研究成果对中国农村土地制度改革及农村长远发展具有重要的理论和实践意义。另一方面，这本书的研究方法科学合理，研究范围广泛深入。作者采用了定性和定量相结合的研究方法，不仅进行了理论分析，也进行了翔实的实证研究，从而使我们能够更全面、深入地理解土地确权对农户资源配置行为的影响及其所引发的经济效应。作者发现，通过土地确权，农户的资源配置得到了改善，这不仅体现在土地利用效率的提高上，也体现在劳动力资源的更有效配置上。此外，土地确权还对农业生产效率和农户生计能力的提升有显著促进作用。

当今学界，关于农村土地产权制度改革影响的研究汗牛充栋，但观点分歧很大。作为严谨的科研工作者，应当避免为某种主观情绪和个例孤证所左右，经验判断必须依据客观事实。史常亮博士的这些专题研究都是实证性的，力求每一个判断都建立在可靠坚实的材料之上，层层递进，论证逻辑严密。我们常说，实证研究必须建立在对经济学理论深刻把握的基础之上，但理论尤其是带有很多主观倾向的理论，很容易成为探索真实面貌的障碍。特别是分析具有中国特色的土地制度设计，研究在农村土地所有权、承包权、经营权"三权"分置下的土地流转等相关问题，需要注意制度设计背后的各方面之间的复杂联系，不能不加分析地盲从任何理论，也不能简单地照搬和引进某一国家的单一制度，否则都必然会是错误和失败的。作者在论证分析的过程中，始终坚持从最基本的事实和最严密的理论逻辑出发，再将得出的结论拿回到现实中去检验，这无疑是难能可贵的。

在全面推进乡村振兴和加快建设农业强国的过程中，农村土地制度如何创新、农村资源要素如何优化配置、农业生产效率和农民收入如何不断提高，都是亟待理论研究和实践回应的重大课题。像史常亮博士这样锐意进取的青年学者，持续专注于农村土地制度相关问题研究，为"三农"事业默默贡献学术智慧。因此，虽然不敢说本书所阐述的观点都绝对正确，但可以认为这是一项很有意义且具有很高价值的研究。中国农业农村的问题和规律，无法也不可能依靠别人来解决，只有越来越多像作者这样脚踏实地地站在中国大地上为中国"三农"事业持续耕耘的学者，才可能真正认识、透彻了解和认真解决它。

占　鹏

2023 年 8 月于北京

前言

　　"土地者，民之本也。"土地作为农村最大的资源和最重要的生产要素，激活这个宝贵的要素资源，对于加快我国由传统农业大国迈进现代农业强国、实现农业农村现代化意义重大。农村土地承包经营权确权登记颁证（以下简称"土地确权"①）是深化农村土地制度改革、保护农民土地财产权益的重要举措，也是巩固和完善农村基本经营制度、保证新一轮承包顺利推进的基础性工作。2020年11月2日，习近平总书记专门就新时代推进农村土地制度改革、做好农村承包地管理工作作出重要指示强调，指出"开展农村承包地确权登记颁证工作，确定了对土地承包经营权的物权保护，让农民吃上长效'定心丸'，巩固和完善了农村基本经营制度"，"要运用农村承包地确权登记颁证成果，扎实推进第二轮土地承包到期后再延长30年工作，保持农村土地承包关系稳定并长久不变"②。

　　土地确权的本质是产权界定，它对农户的生产与交易行为具有多重影响。一方面，土地确权的落实赋予了农户更加正式、更加清晰和更加完整的土地权利，为解决土地承包经营纠纷、维护农户土地承包的各项合

　　　① 本书中的土地确权专指农村耕地承包经营权确权登记颁证，其中的土地确权登记颁证、土地承包经营权确权登记颁证是同一个概念。
　　　② 习近平对推进农村土地制度改革、做好农村承包地管理工作作出重要指示强调［N］. 新华社，2020 – 11 – 02.

法权益提供了强有力的原始依据；另一方面，经过确权颁证之后，农户就是土地承包经营权的物权权利人，此时土地不仅是资源，更是资产，从而农户的土地财产权益也能够得到最大化实现。历史经验表明，改革初期中国农业生产率的快速提高，关键就在于赋予农户土地承包经营权所形成的产权激励。那么，作为继家庭联产承包责任制后的又一深化农村土地制度改革的创新实践，土地确权将会对农户的生产生计产生怎样的影响？如何理解和把握这些影响？回答这些问题，不仅对于探索土地确权成果的转化应用和出台保障确权红利释放的配套措施具有积极的借鉴意义，而且也能为其他发展中国家的农村土地制度改革提供中国经验和中国方案。

应该说，关于土地确权对农户生产生计的影响及其所引发的经济效应问题，学界已经有不少的研究。但主流文献集中于探讨土地确权对农户生产性行为的影响，而大多忽视了对确权所隐含的资源配置含义的考察。尽管产权界定是重要的，但确权后农户会如何进行资源配置却是另一个更为重要而根本的问题。英国经济学家、诺贝尔经济学奖获得者科斯（Ronald H. Coase）在其经典名篇《社会成本问题》一文中指出，由于不同的产权主体使用同一资源的效率是有差异的，"权利应该配置给那些能够最富有生产性地使用它们的人"，这样总福利才会最大化。

有鉴于此，本书建立"土地确权—资源配置—农业生产效率提升与农户生计转型"问题分析的理论视角和框架，利用具有全国代表性的调查数据和前沿的计量经济模型，对中国土地确权的政策效果展开系统评估。首先，基于中国家庭金融调查（CHFS）在 2013 年和 2015 年的两轮调查数据，分析土地确权对农户土地流转参与的影响，并将研究重点由关注流转是否发生转移到关注流转方向是否有利于土地资源优化配置和规模化经营，检验土地确权对土地流转方向的影响。其次，从农户行为出发构建土地确权与劳动力非农转移的理论模型，并利用 2005 ~ 2019 年的省级面板数据，实证检验土地确权对农村劳动力非农转移的影响，以及土地流转市场发展水平在二者关系中的调节作用。再次，在理论阐述土地确权与农业生产效率关系的基础上，利用中国劳动力动态调查（CLDS）2014 和 2016 年的两期面板数据，实证分析土地确权对农业生产效率的影响，并从地权稳定的直接激励效应与资源配置效应两方面入手，检验其中的潜在作用机制。最后，评价土地确权对农户生计策略选择的影响，利用 2015 年中国家庭金融调查（CHFS）数据，检验土地确权是否促进了农户生计策略向工商业生产经营的转型，并剖析其背后的影响机制和异质性。

本书的七个章节可分为三个部分。第一部分（第一章和第二章）在提出研究问题的基础上，介绍了土地确权的政策背景，并全面回顾了该领域的相关文献。第二部分（第三章～第六章），按照"土地确权—资源配置—农业生产效率提升与农户生计转型"的逻辑主线，运用多种数据源和计量方法，实证分析土地确权对农户资源配置行为的影响，并考察该影响如何反映在他们的生计中。第三部分（第七章）总结本书的研究发现，并从继续深化农村土地产权制度改革、健全农村土地产权交易市场体系等方面提出相应的政策建议。

当然，限于研究能力和研究数据的可得性，本书还有许多问题值得进一步探索。例如，由于数据较难获取等原因，本书对土地确权的度量都来自受访者的主观回答，可能难以有效解决确权本身的内生性问题。又如，本书主要从单个农户角度探讨了土地确权对农业生产效率的影响，尚未深入考察土地确权通过影响农户资源配置所产生的总量生产率变动效应。在后续研究中，笔者也将沿着这些问题继续深究下去，以期为推进我国乡村全面振兴、实现农业高质量发展和建设现代化农业强国奉献绵薄之力。

史常亮
2023 年 8 月

目 录

第一章

绪 论

问题提出

作为世界上最大的发展中国家，农业农村农民（简称"三农"）问题始终是关系我国经济和社会发展全局的重大问题，是贯穿我国现代化建设和实现中华民族伟大复兴进程中的基本问题。而土地是进行农业生产的必备要素之一，解决好"三农"问题归根结底是要处理好农村土地问题。习近平总书记强调指出，"我国农村改革是从调整农民和土地的关系开启的。新形势下深化农村改革，主线仍然是处理好农民和土地的关系"①。

产权制度是农村土地制度的核心（刘俊杰等，2015）。新形势下处理好农民和土地的关系，很重要的一项内容就是建立清晰且稳定的土地产权制度，以切实保障广大农民的土地权益。然而长期以来，中国农村土地产权制度安排的一个显著特征是土地产权的残缺和不稳定（程令国等，2016）。一方面，虽然政府一直试图通过订立土地承包合同和颁发土地承包经营权证书的方式来实现对农户土地权利的界定和确认，但由于技术问题以及个别地方基层政府与农民利益的冲突等，农户的承包地并未完成普遍的、其空间属性和物权属性有明确法律表达的使用权界定（黄季焜和冀县卿，2012）；另一方面，尽管国家在法律和政策层面一再强调土地承包权的稳定性，反复重申土地承包关系稳定并长久不变，但基于村民自治需要或农民的公平诉求，实际工作中土地调整依然时有发生，造成农民的土地承包关系并不稳定（叶剑平等，2010）。这种土地产权边界的不清晰和不稳定，不仅直接抬高了土地流转的交易成本，严重限制了土地流转的规

---

① 习近平总书记在农村改革座谈会上的讲话（2016年4月25日）. 论"三农"工作［M］. 北京：中央文献出版社，2022.

模和范围，造成农村土地资源配置的低效率，而且不利于农村劳动力的城乡迁移，妨碍农村劳动力资源在更大范围内的优化配置，最终对中国农业生产效率的进一步提高和农民增收形成制约（杨广亮和王军辉，2022）。

为了明晰土地产权界限、保护农民土地权益，自家庭联产承包责任制确立和实施以来，中央先后开展了两次针对农村承包地的确权登记颁证工作（以下简称"土地确权"①），但由于条件不成熟或后续没有跟进，效果不明显。为加快建立"归属清晰、权责明确、保护严格、流转顺畅"的现代土地产权制度，中央开始着手实施新一轮的土地确权改革。2008 年 10 月，党的十七届三中全会通过《中共中央关于推进农村改革发展若干重大问题的决定》，提出要"搞好农村土地确权、登记、颁证工作"。根据这一部署和要求，2009 ~ 2010 年，农业部选取四川等 8 个省份的 8 个村率先开展土地确权登记颁证试点工作。在前期试点的基础上，2011 年农业部等六部门联合印发《关于开展农村土地承包经营权登记试点工作的意见》，正式拉开了新一轮土地确权登记颁证试点的序幕。进一步地，2013 年中央一号文件《中共中央 国务院关于加快发展现代农业进一步增强农村发展活力的若干意见》提出"用 5 年时间基本完成农村土地确权登记颁证工作"，标志着新一轮土地确权改革开始在全国范围内全面铺开。来自农业农村部的通告显示，从 2014 年开始整省试点并逐步全面推开，历时 5 年在全国 2838 个县（市、区）、3.4 万个乡镇、55 万多个行政村基本完成承包地确权登记颁证工作，目前全国已将 15 亿亩承包地确权给 2 亿户农户，并颁发土地承包经营权证书，承包地颁证率超过 96%。② 这表明经过 5 年的艰苦努力，我国农村地区已基本完成土地确权工作。

新一轮土地确权改革虽然已进入尾声，但是其实施绩效仍是政府和学

---

① 本书中的土地确权专指农村耕地承包经营权确权登记颁证，其中的土地确权登记颁证、土地承包经营权确权登记颁证是同一个概念。

② 农村承包地确权登记颁证工作基本完成［N］. 经济日报，2020 – 11 – 03.

界关注的焦点。当前，关于土地确权存在两种迥异的态度：一种观点认为土地确权具有激活农村要素市场、增加农业投资激励和农户信贷可得性、提高农业生产效率和加快农业农村现代化的作用，是我国土地产权制度改革史上的又一次里程碑（韩家彬等，2018；李江一和仇童伟，2021）；另一种观点则认为土地确权没有意义，不仅是一个"可能被过高预期的政策"（罗必良和张露，2020），甚至还会带来一系列负面影响，如锁定土地原有的细碎化经营格局，损害集体成员后来者、无地、少地人员的利益，使农村原已隐藏不露的矛盾表面化、加剧农村社会不稳定等，纯属"劳民伤财之举"（贺雪峰，2015）。但无论是哪一种观点，要么是基于局部地区的经验判断，要么是采用了不具有代表性的数据和不够科学的实证方法（李江一等，2021），其结论的有效性及指导意义都值得商榷。

除了理论上的分歧之外，来自现实的挑战更是无法回避。一方面，自2009年启动、2013年全面推进新一轮土地确权改革以来，无论是土地流转还是劳动力非农转移均未能如期加速发展。根据《中国农村政策与改革统计》公布的数据，2005~2009年，中国农村土地流转面积年均增速达到29%，但是到2010~2021年已下降至11%左右；同样地，2005~2009年，中国农村外出务工劳动力数平均每年增加约7%，但是到2010~2021年已下降至3%左右，这与土地确权改革的政策预期效果存在一定差距。另一方面，尽管实践证明，土地确权有助于推动农业规模经营，一度被认为是发展中国家破除小规模经营制约的政策良方（Conning and Robinson，2007），但受制于人多地少的国情农情以及城乡发展转型的社会约束，中国土地分散化、细碎化的经营格局至今仍未有明显改观（姚志和高鸣，2022）。第三次全国农业普查数据显示，2016年，全国2.07亿户农户中，规模经营农户①仅有398万户，占比不足2%；71.4%的耕地仍由小农户经

① 规模经营农户的标准：种植业中，一年一熟制地区露地种植农作物的土地达到100亩及以上、一年二熟及以上地区露地种植农作物的土地达到50亩及以上、设施农业的设施占地面积达到25亩及以上。

营，主要农产品仍由小农户来提供。另据《中国农村政策与改革统计年报》公布数据，2009 年，经营耕地面积在 10 亩以下的传统小农户数量约占到 74.2%；而到 2021 年该比重不降反增，达到 74.8%。与发达国家相比，中国农业规模经营依然存在较大的差距（韩朝华，2017）。

那么，前后历经多轮的中国农村土地确权的实际效果究竟如何，对农村要素市场、农业生产效率乃至农户生计将会产生哪些重要影响，未来又该如何改革与完善，这一系列问题亟待从理论与实证层面予以解答和澄清。本书以此为研究出发点，在对中国土地确权历程进行回顾和对既有研究进行梳理总结的基础上，建立"土地确权—资源配置—农业生产效率提升与农户生计转型"问题分析的理论视角和框架，进而采用具有全国代表性的调查数据和前沿的计量经济模型，实证分析土地确权对农户资源配置行为的影响及其所引发的经济效应。在理论层面，这有助于丰富和发展现代产权经济理论，为进一步深化产权与效率的关系提供理论支撑，具有"求真"的价值；在实践层面，则有利于加深对中国土地确权政策效果的认识，澄清疑点、厘清误区，同时为探索土地确权成果转化应用和出台保障确权红利释放的配套措施提供政策导向，具有"务实"的意义。

第二节　研究内容

土地确权导致农户土地产权强度和结构的变化必然会引起土地和劳动力资源①的重新配置，进而对农业生产效率和农户生计策略选择产生重要影响。本书遵循"土地确权—资源配置—农业生产效率提升与农户生计转

---

①　对于现阶段的中国农户而言，资源配置的改变主要体现为土地和劳动力这两类资源。资本由于基本附着于土地上，暂不予以考虑。

型"的逻辑框架，首先，研究土地确权对农户土地流转参与和劳动力非农转移的影响；其次，从地权稳定性效应和地权流动性效应出发，研究土地确权对农业生产效率的影响；最后，评价土地确权对农户生计策略选择的影响，研究土地确权是否促进了农户生计策略由农业型或者进城务工型向自主创业型转变。具体而言，本书从以下四个方面展开相关研究。

一、土地确权对农村土地流转和土地资源再配置的影响研究

重新有效率地配置土地资源，实现规模化经营，是建立新型农业经营体系的前提，也是提高农业生产效率和推动农户生计转型的有效途径（杨广亮和王军辉，2022）。而在中国现行农村土地制度安排下，土地资源的重新配置和规模化经营必然依赖于土地经营权的流转，即农户参与土地流转的行为逻辑决定了土地资源配置是否有效以及规模化经营能否实现。因此，作为研究的起点，本书首先检验命题：土地确权能否有力地推动农户土地流转。具体地，基于中国家庭金融调查（CHFS）在 2013 年和 2015 年的两轮调查数据，本书一方面实证分析土地确权对农户土地流转参与的影响，另一方面检验确权如何通过影响不同农业生产能力农户的土地流转行为，进而作用于土地资源再配置，包括是否促进了土地向农业生产能力高的农户手中转移，以及是否促进了土地向特定类型特别是大规模经营者的集中，即分析确权对农户土地流转方向的影响。

二、土地确权对农村劳动力非农转移的影响研究

农村劳动力向非农部门的转移就业是提高农村劳动力资源配置效率的重要途径。理论上，土地确权对劳动力非农转移的影响取决于两个效应的叠加作用：一是失地风险降低效应[①]，指土地确权通过增强土地产权的安

[①] 也有文献称之为"Field 效应"或者"劳动力转移成本降低效应"。

全性和稳定性，将降低农户劳动力非农转移过程中的失地风险，从而提高劳动力非农转移的概率；二是土地投资激励效应[①]，指当土地产权稳定时，由于土地被收回或征收的风险降低，将激励农户增加土地投资，促进农业生产率提高，这等同于提高了农业投入的边际收益，促使劳动力更愿意留在农业部门，从而对劳动力非农转移产生抑制效应。本章节整合土地确权的上述两种正负效应，构建一个集成的农户理论模型，分析土地确权对劳动力非农转移的影响机制，然后基于 2005 ~ 2019 年中国省级面板数据，实证检验土地确权究竟是通过何种机制来影响劳动力非农转移；在此基础上，引入非线性面板门槛模型，进一步探讨土地流转市场发展水平在二者关系中的调节作用，为土地确权和劳动力非农转移间未有定论的关系提供一个新的解释视角。

三、土地确权对农业生产效率的影响研究

农业生产效率问题始终是农业经济发展的根本问题，尤其是对于我国这样的发展中大国，如何提高农业生产效率不仅是国民财富增长的核心议题（Johnson，1997），更是解决"三农"问题的关键（李滋睿和屈冬玉，2007）。而稳定有保障的土地产权是农业生产效率增长的必要条件（North and Thomas，1973）。土地确权通过颁发具有法律效力的确权证书，保障农民合法的土地承包权和经营权，对农业生产效率具有直接和间接的促增效应。一方面，土地确权有助于增进农户的土地权属意识，提高农户对承包土地产权安全性和稳定性的预期，从而激励其增加农业生产性投资，提高农业生产效率；另一方面，土地确权通过清晰界定土地的物理边界和产权边界，能够有效降低土地流转的成本和风险，减弱土地与低效率农户之间的"捆绑"，从而可以通过将土地重新分配给效率更高的经营主体来提高

---

① 也有文献称之为"生产率效应"或者"生产率提升效应"。

农业生产效率。本章节使用中国劳动力动态调查（CLDS）在 2014 年和 2016 年的两期面板数据，实证检验土地确权对农业生产效率的影响效果以及在不同情景下的异质性，并进一步验证其影响机制。

四、土地确权对农户生计转型的影响研究

农户生计问题是乡村振兴的核心问题。全面推进乡村振兴，最基本的出发点就是要促进农户生计水平的提升（方坤和秦红增，2019）。对于绝大多数农民而言，土地都是其维持和改善生计最重要的生计资本。因此，任何关于土地的制度变革，都会触动农民的敏感神经，引起其生计方式的变化。土地产权是影响土地分配、交易、投资的基础和核心，稳定安全的土地产权被认为是改善农户家庭福利水平的关键（许恒周等，2022）。而土地确权通过向农户颁发具有法律效力的土地承包经营权证书，不仅强化和稳定了农户的土地承包关系，而且实现了对农户土地的还权赋能，使其能最大限度地在产权约束的范围内配置家庭要素资源以获取最大收益，这势必会引起农户生计策略的调整，进而导致生计结果分化。本章节从产权改革与农户生计的关系出发，构建土地确权与农户生计转型的内在联系，在理论分析土地确权对农户生计转型影响的基础上，利用 2015 年中国家庭金融调查（CHFS）数据，对土地确权是否以及如何促进农户生计策略调整的效果和机制进行检验，并考察其影响的异质性。

第三节 研究思路

本书以土地确权的政策效果评估为主线，综合产权理论、农户行为理论、理性选择理论、可持续生计理论，实证考察土地确权对农户资源配

置行为的影响，并进一步探讨这种影响如何反映在他们的生计中。具体思路如图 1 - 1 所示。

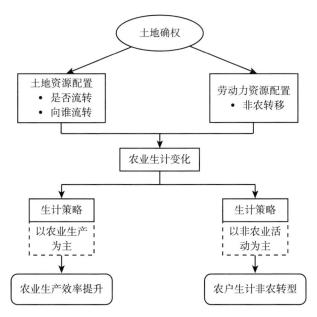

图 1 - 1 本书的研究思路

首先，土地确权会直接影响农户的土地资源配置。一方面，土地确权颁证增强了农村土地产权的安全性和稳定性，并减少了土地流转过程中的不确定性风险，使得农户参与土地流转的可能性和交易量显著上升；另一方面，土地确权颁证带来的土地流转交易成本下降也使得农业生产能力较低的农户更愿意转出土地，并为新型农业经营主体转入土地从事农业规模化经营创造了条件，从而有助于促进土地资源的优化再配置。

其次，土地确权后，土地产权安全性的提高还会引起农户劳动力资源配置的改变。土地确权颁证保证了农村土地承包关系长期稳定，有利于降低农户劳动力非农转移后承包地被强占、收回的风险，减少土地对劳动力的束缚，提高农村劳动力向非农部门和城市转移就业的概率。

最后，土地确权通过优化土地、劳动力资源配置，改变了农户的农业和非农业生计策略，进而带来农业生产效率和农户生计方式的变化。在土地和劳动力资源配置发生变化时，为形成合理的劳动土地比，农户根据农业和非农业比较优势选择转入或转出土地。其中，具有农业生产优势的农户转入土地后，随着土地经营规模的扩大，资本和劳动力更多与土地结合，投入以农业生产为主的生计策略，农业生产效率提升；具有非农比较优势的农户转出土地后，劳动力转移到非农业领域，家庭生计转为以非农业活动为主。

 研究方法

围绕研究内容，本书主要采用计量分析方法展开研究。在各章具体的研究过程中，也综合采用了文献研究法和定性分析法等方法。

一、文献研究法

文献研究法指收集、鉴别、整理文献，并通过对文献的研究形成对事实的科学认识的方法。本书运用文献研究法对国内外相关研究成果进行梳理，总结前人研究成果，构建相关的理论模型，提出研究假说，选取实证分析时的关键变量等。具体而言，本书系统梳理了中国农村土地确权的历史演进与最新进展，回顾总结了国内外土地确权研究现状及不足，寻找研究切入点和研究意义。同时，通过文献研究构建本书的分析框架和方法体系，确保研究的严谨科学性。

二、定性分析法

定性分析即"定性研究"，用于解决"为什么"的问题，通过运用归纳与演绎、分析与综合以及抽象与概括等方法，对获得的各种材料进行思维加工，能够提炼出揭示复杂现象的理论或规律。本书主要通过机理分析、理论建模等定性分析方法，揭示土地确权对农村土地流转和劳动力非农转移、农业生产效率及农户生计策略选择的影响。如构建了市场不完全下农户土地流转决策模型和劳动力配置决策模型，分析土地确权对农村土地流转和劳动力非农转移的影响；理论分析了土地确权对农业生产效率和农户生计转型的影响。

三、计量分析法

计量经济分析是以一定的经济理论和统计数据为基础，通过建立计量模型，运用统计推断方法对经济变量之间的关系作出数值估计的一种数量分析方法。本书研究中使用到多种计量方法，不同的计量方法被用来完成不同的研究目标。其中主要的计量方法有：

（一）双向固定效应模型（two – way fixed effects，two – way FE）

基于使用的面板数据结构，本书构建双向固定效应模型估计土地确权对劳动力非农转移及农业生产效率的影响。其优势在于，通过个体固定效应控制了不同省份（农户）不随时间变化的个体异质性，通过时间固定效应控制了共同随时间变化的因素，从而可以有效缓解由于不随时间或个体变化的遗漏变量与解释变量相关导致的内生性问题。

（二）工具变量法（instrument variables，IV）

作为一项制度变迁，土地确权变量可能存在内生性问题。一方面，土地确权是地方政府的选择性行为，存在一些不可观测因素在影响各地确权进程及农户获得土地承包经营权证书可能性的同时，也可能对当地农户的资源配置行为、农业生产效率及生计策略产生影响，由此引致遗漏变量的内生性问题；另一方面，核心解释变量土地确权与被解释变量之间可能存在互为因果的情况，比如农业生产效率越高的地方，由于土地越容易流转出去，农民对土地确权颁证的需求较高，从而越可能率先实施确权，这种反向因果关系也会带来内生性问题。本书采用工具变量法对模型中可能存在的内生性问题进行纠正。具体而言，在检验土地确权对农户土地流转参与的影响时，本书使用"所在省是否出台土地确权政策"和"县域内除该村庄外其他村庄的确权比例"的交乘项作为内生变量"村庄土地确权率"的工具变量；在检验土地确权对农业生产效率的影响时，本书使用"村庄废除农业税时间"和"县域内除该农户外其他样本农户获得确权证书的比例"的交乘项作为内生变量"是否土地确权"的工具变量。

（三）系统 GMM 估计方法（system generalized method of moments，SYS – GMM）

用来对土地确权影响农村劳动力非农转移的估计结果进行稳健性检验。系统 GMM 方法是动态面板数据估计中广泛用于处理内生性问题的一种估计方法，它将内生解释变量的滞后项及其差分滞后项均视为工具变量，能够较好地解决动态面板模型估计的有偏及不一致问题，且能够克服一阶差分 GMM 的弱变量问题。

（四）双重差分法（differences – in – differences，DID）

用来对土地确权影响农业生产效率的估计结果进行稳健性检验。其基本思路是，将新一轮土地确权改革视作一项"准自然实验"（quasi – natural experiment），通过比较政策前后变动对处理组（treatment group，即已确权农户）与对照组（control group，即未确权农户）的影响差异，来识别政策的处理效应（treatment effects）。双重差分模型可以通过两次差分有效地剔除其他干扰因素的影响，从而产生一致估计。

（五）倾向得分匹配法（propensity score matching，PSM）

用来对土地确权影响农户生计转型的估计结果进行稳健性检验。新一轮土地确权试点的地点和时间都是政府选择的结果，这意味着农户可能并非被随机地划分为确权组和非确权组。为最大程度消除非随机分配所导致的估计偏误，本书选取倾向得分匹配法进行稳健性估计。另外，在使用双重差分模型估计土地确权对农业生产效率的影响时，本书也使用了倾向得分匹配方法筛选农户样本，以尽可能使得处理组和对照组在政策发生前具有同质性，以满足平行趋势假定。

（六）内生转换概率模型（endogenous switching probit，ESP）

用来对土地确权影响农户生计转型的估计结果进行稳健性检验。该方法能够同时控制可观测和不可观测因素导致的样本选择性偏误，并在纠正内生性问题的基础上构造"反事实"分析框架，计算得到土地确权对农户生计转型的处理效应。

（七）面板门槛模型（panel threshold model，PTM）

用来检验土地流转市场发展水平在土地确权与农村劳动力非农转移关系中的调节作用。该模型通过引入门槛变量来构造分段函数，能够基于数据自身特征较好地刻画不同门槛区间内，解释变量对被解释变量的异质性影响。本书主要利用面板门槛模型来刻画土地确权在不同土地流转市场发展水平下，对农村劳动力非农转移的影响效果差异。

 第五节　可能的创新

与已有文献相比，本书可能的贡献和增量工作体现在以下三个方面。

一是研究视角方面，从农户行为角度出发，揭示了土地确权通过影响农村土地和劳动力资源配置，进而引致农业生产效率变动和农户生计转型的过程。农户家庭资源配置在很大程度上受到土地产权的影响，而这进一步又会对农业生产效率和农户生计策略选择产生作用。本书构建"土地确权—资源配置—农业生产效率提升与农户生计转型"的分析框架，一方面检验土地确权如何影响农村土地、劳动力资源配置，另一方面评价土地确权政策实施对农业生产效率和农户生计策略选择的影响效果，是一种研究视角上的创新。

二是研究内容方面，为土地确权政策效果评估的相关研究提供新的证据与有益补充。当前关于土地确权政策的效果颇有争议，围绕于此的相关实证研究结论也有差异。在新一轮土地确权改革已进入尾声、其制度效应已逐步显现的背景下，这种研究现状显然已经与现实要求相脱节。本书立足于土地确权对农户生产与交易行为的多重影响，从多个方面丰富、拓展了已有研究对于土地确权政策效果的认识。例如，在分析土地确权对农村土地流转的影响时，将研究重点由关注是否促进流转发生拓展至关注流转方向是否有利于土地资源优化配置和规模化经营；在分析土地确权对农村劳动力非农转移的影响时，同时考虑了土地流转市场发展在其中的门槛调节效应；在分析土地确权对农业生产效率的影响时，从地权稳定的直接激励作用与资源配置效应两个方面，探讨了土地确权改革所引致的农业生产效率提升路径；在分析土地确权对农户生计转型的影响时，从非农创业角度来理解新时代下的农户生计转型问题，并检验了土地确权促进农户生计转型的内在机制。

三是研究方法方面，使用多种前沿计量方法解决土地确权的内生性问题，有效增强了政策效果评价结果的客观性。土地确权作为一项全局性制度变革，本身就可能存在选择偏差与反向因果等问题。因此，准确评估土地确权的政策效果，内生性是一个不容忽视的问题。本书结合所使用数据的结构特征，综合运用双向固定效应模型、工具变量法、双重差分法、倾向得分匹配法、倾向得分匹配双重差分法、内生转换概率模型等一系列较为前沿的计量经济方法，较好地对土地确权变量的内生性进行了处理，从方法论上弥补了已有研究的不足。另外，本书将理论分析和实证分析有效地结合起来，所有的实证分析都以经济理论为基础而展开，以期明晰土地确权影响农户资源配置及生产生计的内在机制，并为政策评估研究提供一种合理的研究范式。

第二章

政策背景与文献回顾

第一节 引言

 通过土地确权向农户颁发具有法律效力的土地产权证书是世界各国保障土地产权安全与稳定的通行举措（De Janvry et al. , 2015）。在中国，作为一项维护土地产权稳定和安全的重要制度安排，农户土地确权一直是各级政府重要的工作内容（罗必良，2016）。早在20世纪80年代初"分田到户"伊始，许多地方的村组集体便与农户签订了30年土地承包合同，并由其所在县市政府向农户发放土地承包经营权证书，以期更好地保护农户土地产权。到20世纪90年代中后期实行土地二轮承包时，中央再次明确要求延长承包期后，乡镇一级政府要及时向农户颁发由县或县级以上人民政府统一印制的土地承包经营权证书，以确定农户30年的土地使用权。但因为技术问题以及个别地方基层政府与农民利益的冲突等，上述政策并没有得到重视和很好地落实（黄季焜和冀县卿，2012），政策的实施效果都不尽理想。实践是理论之源。因当时土地确权工作并未实质性开展，故较长的一段时间内，土地确权问题并没有成为"三农"研究者们的关注重点。从文献检索结果可知，国内关于这方面的研究尽管在20世纪80年代初期就已出现，但成果数量较少，而且严谨的学术成果更不多见，仅个别学者在探讨农村工作实践和司法裁定问题时对此有所涉及（杨宏力，2017）。

 由于同土地使用权相关的各种矛盾日益凸显，最近十几年对农户土地承包经营权的确权登记颁证工作终于提到贯彻落实的日程上来。2008年，党的十七届三中全会再次聚焦农村土地管理制度改革，提出要"搞好农村土地确权、登记、颁证工作"。为落实党的十七届三中全会决定，2011年农业部会同财政部等六部门联合印发《关于开展农村土地承包经营权登记试点工作的意见》，正式拉开了新一轮土地确权登记试点的序幕（郑淋议等，2023）。作为实践发展的积极回应，农村土地确权问题自此逐渐进入学者们的研究视野并成为诸多文献的研究主题，相关研究内容也逐渐从关注解决现实问题的宏观层面转向注重评估政策实施效果的中、微观层面。

作为继家庭承包责任制改革以来，中国农村土地制度领域最大、最深刻的又一次制度变革（韩家彬等，2018）。土地确权被各方寄予了最大关注和期望，而社会各界之所以如此关注土地确权问题一个基本的预期是：土地确权能够激活土地流转市场，促进农村劳动力非农转移，提升农业生产效率，具有极为重要的社会经济意义。那么，针对上述政策目标预期，既有研究获得了哪些重要的结论？在研究中还存在着哪些薄弱环节和亟待深入研究的问题？本章拟围绕土地确权对土地流转的影响、对劳动力非农转移的影响、对农业生产效率的影响以及对农户生计策略选择的影响四方面主题，系统梳理国内外土地确权研究的现状，以便把握当前理论界研究的前沿，认识研究中尚存在的不足，指导后续研究。

 第二节　中国农村土地确权的政策背景

一、前两轮土地确权及其缺陷

自家庭联产承包责任制确立和实施以来，为维护农户土地权益，党和政府一直致力于推动农村土地承包经营权的确权登记颁证工作。早在1982年的第一个中央一号文件《中共中央批转〈全国农村工作会议纪要〉》中就明确提出，"实行各种承包责任制的生产队，必须抓好订立合同的工作，把生产队与农户、作业组、专业人之间的经济关系和双方的权利、义务用合同形式确定下来"。1984 年中央一号文件《中共中央关于 1984 年农村工作的通知》再次强调，"要做好土地管理和承包合同管理"。这一时期尽管国家政策从一开始的"分田到户"就规定土地发包时集体要与农民签订土地承包合同，但对于土地确权工作并未给予足够重视（付江涛等，2016）。1989 年，国家土地管理局颁布《土地登记规则》，其中第三条规定："国有土地使用者、集体土地所有者、集体土地建设用地使用者和他项权利拥有者，必须依照本规则规定，申请土地登记。"这可以视为是对农村集体土地的第一次确权登记。不过，由于彼时《中华人民共和国物权法》尚未正式出台，土地承包经营权实质上仍属于债权范畴，农户土地产权并不能得到强有力的法律保障（郑淋议等，2023）。

直到 20 世纪 90 年中后期二轮土地承包后，我国进入一个强调颁发农村土地承包合同和土地承包经营权证书的阶段（付江涛等，2016）。1997年，中共中央办公厅、国务院办公厅发布《关于进一步稳定和完善农村土地承包关系的通知》，明确要求"延长土地承包期后，乡（镇）人民政府农业承包合同主管部门要及时向农户颁发由县或县级以上人民政府统一印制的土地承包经营权证书"。这是我国真正意义上的针对农户承包地的一次大规模确权（丰雷等，2021）。在此基础上，1998 年修订的《中华人民共和国土地管理法》第十四条规定："农民集体所有的土地由本集体经济组织的成员承包经营……发包方和承包方应当订立承包合同，约定双方的权利和义务。"2002 年出台的《中华人民共和国农村土地承包法》进一步明确："县级以上地方人民政府应当向承包方颁发土地承包经营权证或者林权证等证书，并登记造册，确认土地承包经营权。"2003 年，农业部颁发《中华人民共和国农村土地承包经营权证管理办法》，对农村土地承包经营权证的备案、登记、发放等具体工作予以详细安排，明确要求承包方依法取得农村土地承包经营权后，应由县级以上地方人民政府颁发农村土地承包经营权证予以确认，并指出颁发的农村土地承包经营权证应包括

"名称和编号""发证机关及日期""承包期限和起止日期""承包土地名称、坐落、面积、用途""农村土地承包经营权变动情况""其他应当注明的事项"等内容。2007年，针对一些地方"农民土地承包经营权不落实、土地承包经营权证发放不到户、土地承包合同未签订到户"的问题，农业部联合国土资源部等七部委印发《关于开展全国农村土地突出问题专项治理的通知》，再次重申各地要切实解决普遍存在的农村土地突出问题，并要求"完成延包扫尾工作，遗留问题得到妥善解决，承包地块、面积、合同和证书'四到户'水平明显提高。农村土地承包经营权证到户率2007年底达到90%以上"。2008年的中央一号文件《中共中央　国务院关于切实加强农业基础建设进一步促进农业发展农民增收的若干意见》继续重申了这一要求，强调"各地要切实稳定农村土地承包关系，认真开展延包后续完善工作，确保农村土地承包经营权证到户"，同时提出要"加快建立土地承包经营权登记制度"，在中央政策层面迈出了土地确权的第一步。

　　然而，尽管当时中央高度重视这一轮的土地确权工作，但由于各种原因，此次确权颁证的完成度并不高，依然有众多农户家庭并没有获得土地承包合同或土地承包经营权证书等正式的权利证明文件。根据叶剑平等（2010）对全国17个省份农民30年土地使用权落实情况的调查，截至2008年，仅有32.5%的农户同时拿到了确认其承包权利的土地承包合同和土地承包经营权证书，尚有41.2%的农户没有任何权利证明文件。还有一些地方将签订的土地承包合同或土地承包经营权证书全部保存在村部或村组干部家里，并没有发放到农户（宋维佳和刘凤芹，2007）；个别地方甚至还出现了用各种办法将已经发放到户的土地承包合同或土地承包经营证书收回的现象（占鹏，2021）。不仅如此，受条件和观念的限制，这一时期发放的土地承包经营权证书普遍存在着承包面积不准、承包地块四至不清等问题，有些地方发放的土地承包经营权证书只是简单地记录了农户承包人口和面积，并没有标注承包地块四至。据叶剑平等（2010）的调查，在当时已发放的土地承包经营权证书中，印有承包地位置图或地图的证书比例只占到 16.8%。并且，由于未建立起权威、清晰的土地承包经营权（证）登记簿，对土地边界的确认大多为村集体或农户默认状态（付江涛等，2016），以至于农户自身也不太看重土地承包经营权证书，认为它可有可无（占鹏，2021）。

总体而言，由于整体环境的限制，前两轮的土地确权工作并没有收到应有的效果，不仅土地承包合同和土地承包经营权证书的发放率不尽人意，而且也未完全解决当时全国范围内土地产权不明晰、不稳定和缺乏保护的问题。来自叶剑平等（2010）的调查显示，自分田到户至 2008 年，被调查村土地调整次数的中位数达到 2 次，63.7% 的村在二轮承包时进行过土地调整，34.6% 的村在二轮承包之后还进行了土地调整。在这样一种背景下，开展新一轮的土地确权颁证改革就具有了必要性和实践意义（耿鹏鹏和罗必良，2022）。

二、新一轮土地确权的进程和特点

针对以往土地确权实践中存在的种种乱象，中央开始着手实施新一轮的农村土地确权改革。如表 2－1 所示。2008 年 10 月，党的十七届三中全会通过《中共中央关于推进农村改革发展若干重大问题的决定》，提出"按照产权明晰、用途管制、节约集约、严格管理的原则，进一步完善农村土地管理制度"，并要求"搞好农村土地确权、登记、颁证工作"。该意见在 2009 年的中央一号文件《中共中央 国务院关于 2009 年促进农业稳定发展农民持续增收的若干意见》中进一步得以强调，明确提出要"稳步开展土地承包经营权登记试点，把承包地块的面积、空间位置和权属证书落实到农户"。根据这一部署，2009 年 7 月，农业部印发《农村土地承包经营权登记试点工作方案》，在辽宁、吉林、江苏、浙江、安徽、山东、湖北、云南八个省选取八个村，开始小范围推进农村土地承包经营权确权登记颁证试点工作。在前期试点的基础上，2011 年 2 月，农业部联合财政部等六部门制定下发《关于开展农村土地承包经营权登记试点工作的意见》，提出"在农村集体土地所有权登记发证的基础上，进一步完善耕地和'四荒地'等农村土地承包确权登记颁证工作……查清承包地块的面积和空间位置，建立健全土地承包经营权登记簿……把承包地块、面积、合同、权属证书全面落实到户"，拉开了新一轮农村土地确权改革的序幕。2013 年中央一号文件《中共中央　国务院关于加快发展现代农业进一步增强农村发展活力的若干意见》提出"全面开展农村土地确权登记颁证工作"，宣告了新一轮土地确权改革正式在全国范围内全面启动。2019 年中央一号文件《中共中央　国务院关于坚持农业农村优先发展做好"三农"工作的若干意见》要求"在基本完成承包地确权登记颁证工作的基础上，开展'回头看'，做好收尾工作"，标志着新一轮土地确权工作即将结束，进入收尾阶段。总体上，中央用了 5 年左右的时间基本达到了预定的改革目标（郑淋议等，2023）。

表 2-1　　　　　　　　新一轮土地确权重要政策与阶段划分

阶段划分	时间	政策文件	具体工作内容
正式提出	2008 年	《中共中央　国务院关于切实加强农业基础建设进一步促进农业发展农民增收的若干意见》	加强农村土地承包规范管理，加快建立土地承包经营权登记制度
	2008 年	《中共中央关于推进农村改革发展若干重大问题的决定》	搞好农村土地确权、登记、颁证工作
试点探索	2009 年	《中共中央　国务院关于 2009 年促进农业稳定发展农民持续增收的若干意见》	稳步开展土地承包经营权登记试点，把承包地块的面积、空间位置和权属证书落实到农户
	2009 年	《农业部关于印发〈农村土地承包经营权登记试点工作方案〉的通知》	经商有关省农业部门，确定在辽宁省清源县草市镇东大道村……八个村开展农村土地承包经营权登记试点。农村土地承包经营权登记试点工作，自 2009 年 8 月正式启动，分三个阶段进行，到 2009 年底基本结束

阶段划分	时间	政策文件	具体工作内容
试点探索	2010 年	《中共中央 国务院关于加大统筹城乡发展力度进一步夯实农业农村发展基础的若干意见》	继续做好土地承包管理工作，全面落实承包地块、面积、合同、证书"四到户"，扩大农村土地承包经营权登记试点范围
	2011 年	《关于开展农村土地承包经营权登记试点工作的意见》	各省（自治区、直辖市）要根据各地实际，选择 1～3 个代表性强、领导重视、土地承包管理机构健全、工作扎实的县（市、区）开展农村土地承包经营权登记试点。可在若干乡（镇）或村开展先行试验，再扩展到全县（区、市）域。试点工作进度由各地统筹安排，2012 年前完成
	2012 年	《中共中央 国务院关于加快推进农业科技创新持续增强农产品供给保障能力的若干意见》	稳步扩大农村土地承包经营权登记试点
全面推进	2013 年	《中共中央 国务院关于加快发展现代农业 进一步增强农村发展活力的若干意见》	全面开展农村土地确权登记颁证工作……用 5 年时间基本完成农村土地承包经营权确权登记颁证工作，妥善解决农户承包地块面积不准、四至不清等问题
	2014 年	《中共中央 国务院关于全面深化农村改革加快推进农业现代化的若干意见》	抓紧抓实农村土地承包经营权确权登记颁证工作，充分依靠农民群众自主协商解决工作中遇到的矛盾和问题，可以确权确地，也可以确权确股不确地
	2015 年	《中共中央 国务院关于加大改革创新力度加快农业现代化建设的若干意见》	对土地等资源性资产，重点是抓紧抓实土地承包经营权确权登记颁证工作，扩大整省推进试点范围，总体上要确地到户，从严掌握确权确股不确地的范围
	2016 年	《中共中央 国务院关于落实发展新理念加快农业现代化实现全面小康目标的若干意见》	继续扩大农村承包地确权登记颁证整省推进试点
	2017 年	《中共中央 国务院关于深入推进农业供给侧结构性改革加快培育农业农村发展新动能的若干意见》	加快推进农村承包地确权登记颁证，扩大整省试点范围

续表

阶段划分	时间	政策文件	具体工作内容
收尾攻坚	2018 年	《中共中央　国务院关于实施乡村振兴战略的意见》	全面完成土地承包经营权确权登记颁证工作，实现承包土地信息联通共享
	2019 年	《中共中央　国务院关于坚持农业农村优先发展做好"三农"工作的若干意见》	在基本完成承包地确权登记颁证工作基础上，开展"回头看"，做好收尾工作，妥善化解遗留问题，将土地承包经营权证书发放至农户手中
	2019 年	《农业农村部办公厅印发〈关于开展农村承包地确权登记颁证"回头看"的工作方案〉的通知》	全面排查证书未发放到户、暂缓确权等情况，抓紧纠正证书滞留在村（组）集体经济组织现象，切实解决漏人漏地、面积四至不准等信息不准问题，稳妥调处权属争议和矛盾纠纷，进一步规范确权档案和数据管理，……确保把权证颁发到农户手中

资料来源：笔者根据相关文件整理而来。

新一轮土地确权工作的开展延续了中国一贯采用的"先试点后推广、先局部后全国"的政策实施路径（应瑞瑶等，2018）。2009 年 8 月，农业部首批选择了山东省滕州市姜屯镇胡村、江苏省海门市常乐镇颐生村、浙江省温岭市滨海镇新民村、安徽省肥东县石塘镇火龙村、湖北省鄂州市鄂城区泽林镇泽林村、辽宁省清源县草市镇东大道村、吉林省靖宇县三道湖镇东沟村、云南省弥勒县虹溪镇密纳村 8 个村，开展土地承包经营权确权登记颁证整村推进试点。2011～2012 年，农业部开始以乡镇为单位进行试点，首批选择 50 个县，涵盖 28 个省（区、市）的 710 个乡镇、12150 个村。2013 年，再次增选 105 个县进行试点，同时要求各省增加省级试点县 469 个。在总结前期试点工作经验的基础上，从 2014 年开始，土地承包经营权确权登记颁证试点进入到整省推进阶段。如表 2－2 所示，2014 年，选取山东、四川、安徽 3 个省份率先开展整省土地确权试点；2015 年，新增江苏、江西、湖北、湖南、甘肃、宁夏、吉林、贵州、河南 9 个省份；2016 年，进一步将试点范围拓展至河北、山西、内蒙古、辽宁、黑龙江、浙江、广东、海南、云南、陕西 10 个省份，调整推进试点省份达到 22 个；2017 年，继续扩大试点范围至北京、天津、上海、重庆、福建、广西、青海7个省份；2018 年，新疆、西藏亦被纳入整省推进试点范围，至此新一轮土地确权工作在全国范围内全面铺开。根据农业农村部监测数据，截至2018 年底，我国农村土地承包经营权确权登记颁证已基本完成，覆盖全国2838 个县（市、区）、3.4 万个乡镇、55 万多个行政村，完成承包地确权登记面积14.8 亿亩，占承包地实测面积的89.2%[①]。

表 2 - 2 2014 ~ 2018 年新一轮农村土地确权登记颁证整省份试点进程

年份	试点省份
2014	山东、四川、安徽（3 个）
2015	江苏、江西、湖北、湖南、甘肃、宁夏、吉林、贵州、河南（9 个）
2016	河北、山西、内蒙古、辽宁、黑龙江、浙江、广东、海南、云南、陕西（10 个）
2017	北京、天津、上海、重庆、福建、广西、青海（7 个）
2018	新疆、西藏（2 个，全国覆盖）

资料来源：笔者根据相关文件、新闻报道整理而来。

新一轮土地确权推出的背景是，相当大一部分土地被没有承包权的农业企业和种植大户经营，并且由于传统"两权分置"土地产权制度的局限性，这部分经营者对所租赁土地的使用权受到限制（Gao et al.，2021）。相比前两轮确权，新一轮土地确权呈现出以下新特点：

一是中央和地方各级政府高度重视，全国自上而下统一行动、强力推动。自 2008 年以来，几乎每年的中央一号文件（除 2011 年外）都强调要做好农村土地承包经营权确权登记颁证工作。与此同时，农业部作为主管部门高度重视本轮土地确权工作，先后出台了《农村土地承包经营权登记试点工作规程（试行）》和《农村土地承包经营权调查规程》《农村土地承包经营权要素编码规则》《农村土地承包经营权确权登记数据库规范》3 个行业标准，用以指导具体的土地承包经营权确权登记颁证工作。在省级层面，为推进本省份范围内土地承包经营权确权登记颁证工作，各省份也出台了相应的土地承包经营权确权登记颁证工作方案或实施意见。

---

① 5 年，覆盖全国超 55 万个行政村！［N］. 经济日报，2020 – 11 – 03.

二是建立统一规范的登记账目。以往确权政策比较强调土地承包经营权证书的申请、发放、变更和注销问题，而忽视了土地承包经营权（证）登记簿的重要性。本轮确权不仅建立了统一完备的土地注册登记管理制度，并由县级确权登记颁证领导小组按统一格式建立土地承包经营权登记簿，而且因为有国家档案局参加，对所有地块资料都实现了电子化存档，并建立了互通共享的土地承包经营权确权登记数据库与信息应用平台（杨广亮和王军辉，2022）。

三是不改变原有的土地承包关系，并且明确禁止借机调整或收回农户承包地。本轮确权是在已经签订的土地承包合同和已经颁发的土地承包经营权证书的基础上，按照《物权法》要求对现有土地承包关系的进一步发展完善，不是对二轮承包工作的推倒重来，也不是将土地打乱重分（韩长赋，2018）。

四是地块信息更加精确。本轮确权通过聘请专业测绘机构和技术人员确定地块位置、测量地块面积并绘制地籍图，将每个承包地块的地类、面积、四至和空间位置清晰化、具体化，解决了长期以来承包地块面积不准、四至不实、空间位置不明和权属不清的问题。

五是土地权能更加完整。本轮确权出台了土地经营权抵押贷款等系列配套政策，赋予土地承包经营权抵押、担保的权能，允许农业经营者在抵押试点地区以经营期限内（承包户为承包期内，土地租赁等形式以土地流转期限为准）的土地经营权作抵押物，入股合作社、发展农业产业化经营（周南等，2019），极大扩展了土地产权的内涵。

 ## 国内外相关研究回顾

一、有关土地确权对土地流转影响的研究

土地流转本质上是土地经营权的转移。理论文献一致认为产权清晰能

够促进土地流转，但对于规范化的确权（formalization of land rights）是否有效还存在争议。一方面，来自非洲、亚洲和南美洲的大量经验证据表明，土地产权的清晰界定对土地流转有积极推动作用。例如，丹宁格等（Deininger et al.，2008）对 20 世纪 90 年代末埃塞俄比亚土地确权项目的研究表明，大规模登记土地权利产生了巨大的好处，如允许土地临时转让。在另一项研究中，他们使用双重差分法检验发现，埃塞俄比亚的土地确权项目显著提高了土地所有权保障，并持续增加了土地租出的数量（Deininger et al.，2011）。类似地，霍顿等（Holden et al.，2011）发现，埃塞俄比亚实施的土地确权项目提高了（潜在）租户和地主家庭对土地租赁市场的参与度，特别是那些以女性为户主的家庭，这种促进作用尤为明显。雅米和斯奈德（Yami and Snyder，2016）同样发现，土地确权减少了土地所有者对失去土地的恐惧，对土地租赁市场产生了积极影响。丹宁格和金（Deininger and Jin，2008）对越南土地市场的研究发现，安全的土地权利大大增加了对租赁市场的土地供应。马库斯等（Macours et al.，2010）基于委托—代理框架建立了一个理论模型，表明不安全的土地产权将会阻碍土地租赁市场的有效匹配；对多米尼加共和国土地市场的量化分析发现，不安全的土地产权严重限制了土地租赁市场的规模，并减少了农村穷人获得土地的机会，而通过土地确权改善土地权利使得土地租赁交易量增加 21%，租给穷人的土地面积增加 63%。另一方面，也有研究表明正式化的土地确权并未对农户的土地流转行为产生积极影响。普拉斯和米戈特—阿多拉（Place and Migot – Adholla，1998）对肯尼亚的研究发现，土地确权对农民土地集中度的影响并不大。雅各比和明顿（Jacoby and Minten，2006）对马达加斯加土地产权制度的研究同样发现，土地确权与出租之间并没有显著的影响关系，那些已确权的地块的转出概率反而更小。多和伊耶（Do and Iyer，2008）对越南的考察亦显示，1993 年颁布的《土地法》尽管赋予了农户交换、转让、租赁、继承和抵押土地使用权的权利，但这并未带来土地市场参与的提高。加利阿尼和沙尔格罗茨基（Galiani and Schargrodsky，2011）系统回顾了来自发达国家和发展中国家关于土地产权因果效应的最重要的实证文献，认为几乎没有经验证据表明土地确权促进了土地市场的发展。

对中国农村土地确权与土地流转关系的研究同样没有定论。一部分研究认为，中国农村是典型的熟人社会（费孝通，2006），存在大量以文化习俗、惯例等形式存在的非正式制度，这些内生的非正式产权安排已经良好地支持了农村土地流转，并且流转纠纷发生率很低（何·皮特，2008），规范化的土地确权不仅没有必要（Platteau，2000），反而可能会使土地细碎化问题进一步固化，增加土地流转的交易成本（贺雪峰，2015；鹿光耀和郭锦墉，2022）。还有学者认为，中国的土地流转市场并非简单的要素交易市场，土地确权虽然提升了土地的产权强度，但同时也可能因土地的人格化财产特征而强化"禀赋效应"，从而反过来对土地流转起到抑制作用（罗必良，2016）。这一说法在仇童伟和罗必良（2020）的实证研究中得到了验证，他们基于2006～2016年中国省级面板数据检验发现，土地确权的实施不仅无益于促进土地流转，反而抑制了土地流转。包国宪等（2021）利用甘肃省农户调查数据进一步证实了土地确权的禀赋效应不但存在，而且还是土地产权强化不能加快土地流转的一个重要原因。

尽管质疑的声音一直存在，但更多的经验证据还是表明土地确权有助于推动土地流转。叶剑平等（2006）对2005年中国17个省份土地调查数据的分析发现，发放土地承包经营权证书对土地的流转有显著影响，那些持有土地承包经营权证书的农户更倾向于参与土地流转市场。闫和霍（Yan and Huo，2016）使用2009年在河南省收集的农户数据检验发现，土地承包经营权证书对农户参与土地流转市场和土地流转租金都有显著的促进作用。林文声等（2016）对H省2009～2014年面板数据的实证分析同样发现，土地承包经营权证书颁发率对土地流转具有显著的正向作用。王等（Wang et al.，2015）使用来自中国 6 个省份的两期农户面板数据和相关随机效应模型，进一步检验了发放土地承包经营权合同/证书对土地流转质量的影响，结果发现，土地承包经营权合同/证书的发放显著提高了农户将土地出租给非亲属的概率，并且这种影响在 2008 年时比 2000 年更强。

最近几年，随着新一轮土地承包经营权确权登记颁证工作陆续在全国开展，一些研究开始关注本轮确权对土地流转的影响，但结论差异非常大。程令国等（2016）使用 2011 年中国健康与养老追踪调查数据检验发现，在其他条件相同的情况下，村庄进行土地承包经营权确权登记颁证使得农户转出土地的可能性显著上升约 4.9%，平均土地转出面积上升约 0.37 亩，土地租金率上升约 43.3%。何等（He et al.，2023）基于相同的数据集，在使用控制函数法对土地确权的内生性进行校正后发现，确权显著增加了土地流转活动，并提高了流转价格。徐和杜（Xu and Du，2022）基于 2010~2016 年四期中国家庭追踪调查数据，在使用两阶段最小二乘法对模型潜在的内生性问题进行处理后发现，新一轮土地确权改革使土地流转市场参与率平均提高了 6.6%~7%。杨广亮和王军辉（2022）基于 2013~2019 年四期中国家庭金融调查数据，采用更为准确的确权信息[1]和目前因果推断中更为规范的双重差分法处理土地确权的内生性问题，结果发现，本轮确权显著促进了农村土地流转，土地确权政策实施后，转出土地的农户比例提高了 10.3 个百分点，土地转出面积增加了 18.6 个百分点。丰雷等（2021）认为采用"村庄是否确权"存在测量误差，直接采用"农户是否持有证书"作为土地确权的代理变量，基于 2018 年"千人百村"调查数据的实证分析发现，持有证书使得农户参与土地流转和转出土地的可能性分别上升了 10.2% 和 6.7%。冯华超和钟涨宝（2019）、孙小宇等（2023）

---

[1] 是否完成土地确权来自官方公布的确权工作进度信息，而不是文献中常用的村集体负责人或农户的受访回答（杨广亮和王军辉，2022）。

同样采用"农户是否取得土地承包经营权证书"来衡量土地确权，基于不同来源的中国农户调查数据检验发现，土地确权整体上对农户的土地转出行为有显著正向影响。

然而，也有研究认为被寄予厚望的新一轮土地确权政策，其实际效果可能远没有想象的明显。胡新艳和罗必良（2016）基于广东、江西两省农户调查数据的倾向得分匹配分析发现，土地确权尽管显著促进了农户的土地转出意愿，但对其实际土地转出行为并未产生显著性影响。王士海和王秀丽（2018）对山东省农户数据的分析则显示，土地确权对农户土地转出意愿的影响也不明显。蒋甲樱等（2022）基于吉林、河北、湖南、重庆四省（市）农户跟踪调查形成的两期面板数据，采用双重差分法进行检验发现，尚缺乏明显证据表明本轮确权对农户的土地流转租金、土地流转面积、土地生产投资产生了非常显著的影响。程等（Cheng et al.，2019）基于农业农村部全国农村固定观察点 2010～2015 年农户调查数据的分析也得到了相似的结论，他们发现本轮确权总体上并没有带来土地流转活动的显著增加。

上述文献对于土地流转的考察并未区分转入和转出，或者仅聚焦于土地转出而忽视了土地转入，而这两种行为的发生机理显然是不同的（胡新艳和罗必良，2016）。鉴于此，一些研究在区分土地转入和土地转出的基础上，检验了土地确权效应的非对称性特征。付江涛等（2016）利用江苏省三县（市、区）的调查数据检验发现，新一轮确权显著促进了农户的土地转出，但对土地转入的影响不显著。李江一（2020）使用中国家庭金融调查 2013 年和 2015 年两期面板数据和双重差分法，也有类似的发现。然而，王等（Wang et al.，2018）基于 2011 年中国健康与养老追踪调查数据的分析却发现，新一轮确权显著促进了土地转入，使得转入土地的农户比例增加约 3.9%，土地租金提高约 25%。张等（Zhang et al.，2022）对中国五省农户调查数据的分析显示，本轮确权显著提高了农户转入土地的可能性、数量和强度，但是对土地转出没有影响。还有少数研究则认为，土地确权不仅没有促进土地转出，反而抑制了土地转入（林文声等，2017），并从劳动力流动、交易费用、意愿交易价格三个方面对此进行了解释（冯华超和钟涨宝，2018）。但值得注意的是，近年来随着各类新型农业经营主体的蓬勃发展，从事农业生产的主体包括了普通农户、家庭农场、农民专业合作社、龙头企业等多种类型。农户是土地转出的唯一主体，但并不是土地转入的唯一主体，尤其是 2014 年政策上大力推行农业适度规模经营以来，越来越多的土地开始从普通农户流入到新型经营主体手中（Cheng et al.，2019；王璐等，2020），而这部分样本在调查中不一定会被充分抽取。变量测量误差和样本遗漏都可能造成估计结果失真，并产生有偏的分析结论（程令国等，2016；杨广亮和王军辉，2022）。因此，那些认为"确权会抑制土地转入"的结论有效性值得商榷。

二、有关土地确权对劳动力转移影响的研究

作为土地制度的重大创新，土地确权的制度效应是多重的，其中广受关注的另一个效应就是对农村劳动力配置包括非农转移的影响。早期文献强调了土地产权的稳定性和安全性对劳动力转移的重要性，认为当土地产权稳定时，农户不需要通过"占有耕种"方式来保护土地，从而可以放心地向城市和非农部门转移就业（Yang，1997；刘晓宇和张林秀，2008；Mullan et al.，2011；Adamopoulos et al.，2022）。近年来，随着发展中国家相继开展土地确权登记工作，相关研究开始转向直接检验土地确权对劳动力转移的影响。费尔德（Field，2007）研究了秘鲁在 1996～2003 年实施的土地确权项目对生活在城市棚户区居民的家庭劳动力供应的影响，结果发现确权导致分配给离家工作的劳动力数量增加，并且这主要是因为保护家园的劳动力需求减少所致。多和伊耶（Do and Iyer，2008）考察了越南

1993年《土地法》颁布实施的影响，结果发现土地使用权能的增强导致用于非农业活动的劳动力数量在统计学上显著增加。彻宁娜等（Chernina et al.，2014）发现，俄罗斯帝国在1906年实行的土地确权改革显著增加了土地的流动性，进而对国内移民产生了相当大的影响，这一时期约18%的移民可以由确权导致的土地流动性解释。瓦塞奇（Valsecchi，2014）、德杨弗利（De Janvry，2015）对墨西哥先后两次土地确权改革的研究同样发现，确权极大地促进了农户家庭成员向国外移民的可能性，确权后那些获得证书的家庭至少有一个移民成员的概率增加了28%，相应该地区农村总人口减少了4%。温贝吉（Houngbedji，2015）研究了埃塞俄比亚土地确权项目实施后农户家庭劳动力供给的变化，结果发现拥有土地证书的农户家庭减少了分配给农业活动的总时间，并且减少的时间主要来自分配在维护自家土地不受侵犯上的时间。

在中国，自家庭联产承包责任制确立和实施以来，农民土地确权问题便一直是党和政府关注的重点。为了稳定农村土地产权，中央先后开展了三次针对农户承包地的确权登记发证工作。现有研究从各个方面对这一政策的实施效应进行了评估。具体到与本部分相关的研究，丹宁格等（Deininger et al.，2014）使用来自中国六省份的农户面板数据检验发现，以土地调整经历衡量的地权不稳定阻碍了农户退出农业，而发放土地承包经营权证书则鼓励了农村劳动力向城市季节性迁移。韩家彬和刘淑云（2019）使用中国健康与养老追踪调查2011年数据检验发现，与未确权村相比，确权村农户家庭户主转移就业的概率提高了7.6%，转移就业稳定性提高了9.13%。陈江华等（2020）基于江西省农户调查数据的分析表明，土地确权不仅对农户家庭劳动力非农转移比例具有直接的显著正向影响，而且通过缓解土地细碎化产生间接的显著正向影响。黄宇虹和樊纲治（2020）使用2013～2015年两期中国家庭金融调查数据和双重差分方法检验发现，土地确权同时提高了农户参与非农就业的概率和数量。使用相同的数据和方法，李江一（2020）进一步发现，土地确权后增加的非农就业劳动力主要来源于农村闲置劳动力而不是农业劳动力，即确权在促进农民非农劳动参与的同时，并未降低农业劳动参与率。

然而，也有研究发现土地确权对农村劳动力非农转移的影响不显著。例如，李等（Li et al.，2021）发现，中国新一轮土地确权改革对农村劳动力向城市迁移几乎没有任何影响，并认为背后的原因可能是，当土地产权相对不完整时，确权在为农民提供稳定的土地产权预期方面的作用是有限的。罗必良和张露（2020）使用2006～2016年省级面板数据，在总量上检验了新一轮土地确权的政策效果，结果发现本轮确权对农业劳动力非农转移并未产生积极的促进作用。杨宗耀等（2022）利用江苏省两期农户面板数据和多时点双重差分法估计发现，确权政策落地对农户举家迁移的影响总体不显著。

还有一些研究则表明土地确权主要提高了农村劳动力的农业劳动参与度，从而抑制了劳动力向非农部门转移。中曾根（Nakasone，2011）指出，土地产权对农户劳动力配置决策有两种相反的影响：一方面，土地产权稳定性的增强将减少农户在土地财产保护上所花费的时间和人力，由此释放出更多的劳动力向非农部门转移，称之为"Field效应"；另一方面，失地风险的降低也会带来更高的地块附加投资和更高的农业生产率，使得从事农业生产的收益增加，从而加大农民留在农业部门的动力，进而抑制劳动力向非农部门转移，称之为"生产率效应"。他们对秘鲁农村土地确权项目的估计发现，"生产率效应"比"Field效应"大得多，导致分配到农业生产活动中的劳动力总体增加。张莉等（2018）同样考虑了土地确权对劳动力转移影响的正负两种效应——"劳动力转移成本降低效应"和"生产率提升效应"，基于2014年中国劳动力动态调查数据的实证检验表明，中国土地确权也主要发挥了"生产率提升效应"，使得更多的劳动力留在农业部门。洪炜杰和胡新艳（2019）、罗美娟和申小亮（2021）使用不同数据集的经验研究也得到了类似结论，他们发现，土地确权显著增加了农村劳动力选择农业就业的概率及家庭从事农业生产的人数，并且农业投资与土地流入是重要的影响机制。胡骞文等（2022）使用2014年和2016年中国劳动力动态调查数据，进一步证实了在当前土地产权保护强度和土地要素市场发展的现状下，土地确权带来的"生产率提升效应"更为明显，使农户劳动力非农就业的概率下降4.9%。

三、有关土地确权对农业生产效率影响的研究

土地制度与农业生产效率[①]的关系是发展经济学领域的经典议题。作为基础性制度安排，土地产权对农业发展和农村经济增长来说更是具有关键性的决定功能。诺思和托马斯（North and Thomas，1973）系统研究了西欧土地产权制度的长期变迁，认为有效的土地产权制度安排不仅是提升劳动生产效率、推动农村剩余劳动力充分转移的关键，也是促进二元经济结构向一元经济结构转型的前提条件。汉斯塔德（Hanstad，1998）指出，拥有个人和安全的土地所有权是增加农业生产、减贫和经济增长的关键。贝斯利（Besley，1995）在理论上进一步明确了土地产权安全可以提高农业生产效率的三个渠道：一是投资激励效应。有保障的土地产权增强了农民的土地权属安全感，使得他们更愿意对土地进行中长期投资，如灌溉系统或土壤改良；二是土地流转效应。清晰界定的土地产权可以促进土地市场的正规化，这有助于将土地重新分配给效率更高的生产者；三是抵押信贷效应。与用益物权不同，正式化的土地使用权可以作为抵押品，改善农业投资的信贷渠道。费德（Feder，1998）对上述理论模型进行了扩展，将土地产权安全替换为土地登记和确权，指出世界各地都有令人信服的证据表

---

① 效率（efficiency）往往是与生产率（productivity）联系在一起的，通常是考察产出与投入之间的关系。在实际应用中，人们经常将效率等同于生产率交替使用。

明，土地确权带来了更好的正式信贷获得、更高的土地价值、更高的土地投资和更高的产出/收入。近年来，随着土地确权制度在世界范围内尤其是广大发展中国家的全面推广和实施，该模型再次进入学界视野，引起广泛关注。伊斯兰姆等（Islam et al.，2015）对世界93个国家（地区）农业生产率差异的研究表明，土地确权是造成各国家（地区）农业生产率不平等的一个重要根源。陈（Chen，2017）同样认为，贫困国家普遍存在的未确权土地有助于解释国际农业生产率的差异，通过构建一个两部门的一般均衡模型，他们发现未确权土地比例较高的经济体往往也会有较低的农业生产率，而土地确权可以从消除土地资源错配和个人职业选择扭曲两个方面来提高农业生产率。

尽管理论层面的研究揭示了土地确权会对农业生产效率产生积极影响的各种可能作用机制和渠道，但是实证层面的研究却没有得到一个确切的结论。错综复杂的农业发展环境、土地产权制度，都使上述关系变得扑朔迷离。希金斯等（Higgins et al.，2018）基于对59项研究的系统回顾发现，土地产权保障对生产性和环境友好型农业投资以及对女性赋权都有积极影响，但对与生产率、信贷获得和收入的联系缺乏支持；并认为土地所有权的历史经验——这可能影响对当前土地产权保障的看法，以及当地贷款机构的特点——这可能影响对信贷获得的预期效果，都会影响到土地产权政策的实际有效性。

使用不同国家和地区的样本数据所得到的研究结论差异也非常大。其中，来自拉丁美洲和亚洲的经验证据表明，土地确权在一定程度上提高了当地农业生产效率。例如，费德（Feder，1987）对泰国3个省的农户调查数据的分析表明，在类似泰国这样的欠发达国家实行土地确权可以显著提高农业生产率。马库森（Markussen，2008）发现，在柬埔寨农村，拥有土地所有权证书的地块比其他地块具有更高的生产率和土地价值。纽曼等（Newman et al.，2015）考察了越南2003年《土地法》改革对农业生产率的影响，该项改革旨在改进土地登记制度并提供更清晰的行政程序，结果显示无论是丈夫和妻子单独持有还是共同持有土地使用权证书，都与更高的水稻产量相关。库比察等（Kubitza et al.，2018）对印度尼西亚苏门答腊岛的调查研究发现，已确权地块比未确权地块耕种得更密集，产量也更高。

　　然而，针对非洲的研究结论却比较复杂。劳里等（Lawry et al.，2017）对亚洲、拉丁美洲和非洲的关于土地确权影响的实证研究进行了重新审视，发现虽然总体而言，土地确权对农业投资和农业生产效率有显著的积极影响，但这些影响对非洲来说却是模糊的。其中一些研究发现，土地确权对非洲地区的农业生产效率产生了正向的促进作用，而且这与信贷获得和土地投资增加有关。例如，霍顿等（Holden et al.，2009）发现，在埃塞俄比亚提格雷州实施的一项低成本土地确权项目对当地土壤保护、树木投资和土地生产率都产生了显著的积极影响。格布鲁和霍顿（Ghebru and Holden，2015）进一步将生产率差异分解为组内农户效率差异（技术效率效应）和组间生产前沿面差异（长期投资或技术效应），对提格雷州土地确权项目的评估发现，那些没有土地使用权证书的农户的生产率，总体上要比拥有正式土地使用权证书的农户的生产率低，并且这种差异主要是由技术优势或者有利的投资效应造成的。梅莱斯和布尔特（Melesse and Bulte，2015）对埃塞俄比亚阿姆哈拉州的考察也得到了同样的结果，他们发现土地确权对当地农业生产率有稳健的积极影响，并且"投资激励效应"是一个可能的影响渠道：那些有土地证书的家庭更有可能在他们的地块上采取土壤肥力管理策略。史密斯（Smith，2004）利用赞比亚一个地区的原始数据，检验了拥有租约或所有权的农民是否比没有证书的农民拥有更高的固定投资和生产率，结果发现证书确实与更大的固定投资相关，并且通过种植棉花、畜牧业和固定投资等方式，证书也提高了生产率。姆布扎亚等（Mbudzya et al.，2022）考察了肯尼亚 2012 年《土地法》实施的影响，结果发现拥有土地契约对农户信贷获得产生了显著的积极影响，而获得信贷的农户将玉米产量提高了 2001. 902 千克/公顷。

但是也有部分研究表明，土地确权对非洲地区的农业生产效率并没有产生显著影响。阿特伍德（Atwood，1990）对非洲一些地区土地确权案例的研究表明，土地确权的成本可能相当高，而其影响与预期相反。普拉斯和哈泽尔（Place and Hazell，1993）对加纳、肯尼亚和卢旺达的调查研究表明，除了少数例外，土地产权并不是决定土地改良投资、投入使用、信贷获得和土地生产率的重要因素，并认为在这些地区是否有必要实行土地确权值得怀疑。韦德拉奥戈等（Ouedraogó et al.，1996）指出，在布基纳法索即使没有正式的土地确权，农民的土地权利通常也是相当稳定和安全的，农业生产在很大程度上并不取决于耕种者所拥有的土地权利形式，也没有发现不同土地权利之间的生产率差异。普拉斯和米戈特—阿多拉（Place and Migot – Adholla，1998）同样发现，肯尼亚土地确权对当地农民的土地权利认知、信贷获得、作物产量和土地集中度的影响都不大。雅各比和明顿（Jacoby and Minten，2007）使用来自马达加斯加水稻种植区的地块数据检验发现，拥有产权证书对特定地块的投资没有显著影响，对土地生产率和土地价值的影响相应也很小。贝勒马尔（Bellemare，2013）使用精确的土壤质量测量数据来控制地块之间未观察到的异质性，在解决了内生性后发现，土地确权对马达加斯加的农业生产率并没有产生影响。西特科等（Sitko et al.，2014）对赞比亚的研究同样发现，确权户与未确权户的农业生产率在统计上没有显著差异，而且土地确权对中长期土地投资的影响也很有限。加西亚等（García et al.，2015）对坦桑尼亚的考察也有类似发现，其研究显示一旦考虑到是否土地确权的家庭和地块之间的协变量差异，土地确权对农业生产、农业投资和长期最大化农业行为都变得没有显著影响，并且也没有迹象表明土地确权对获得信贷和地权安全性感知产生了相关影响。雅米和斯奈德（Yami and Snyder，2016）对埃塞俄比亚三个州的调查分析表明，虽然土地确权可以改善土地所有权保障、实现性别平等、减少土地纠纷，但它对促进农户信贷获得和增加农业投入没有什么作用。约沃和科拉尼（Yovo and Kolani，2022）对多哥的研究发现，法律化的土地制度并没有比传统制度能更好地保护土地使用权的安全，土地确权不会对农业生产率产生直接影响，这种影响主要通过投资来传递。

部分学者有关中国土地确权政策有效性的研究结论也不容乐观。林文声等（2018）使用中国劳动力动态调查 2014 年和 2016 年的混合截面数据检验发现，新一轮确权显著提高了农户的农业生产技术效率，机制检验发现农业短期投资、土地转入和务农劳动力人数增加是其中重要的影响渠道，但尚未发现通过经营权信贷抵押对农业生产效率产生影响的传导机制。技术效率一般包括了纯技术效率和规模效率。丛（Cong，2022）重点关注了土地确权对农业生产纯技术效率的影响，基于河南省农户调查数据的检验发现，中国自 2009 年推行的新一轮农村土地确权登记颁证改革显著促进了农业生产纯技术效率的提高。但与林文声等（2018）不同的是，在丛（Cong，2022）的研究中，农业投资和信贷获得被证明是重要的影响机制，而劳动力分工和土地流转则没有发挥机制性作用。耿鹏鹏（2021）的研究进一步加剧了这种分歧，其使用中国劳动力动态调查 2016 年的数据检验发现，土地确权显著抑制了农户的农业生产纯技术效率，并且发现土地确权的投资激励与土地流转效应都会诱发农业生产纯技术效率损失。

在最近的研究中，学者们重点考察了确权对亩均产量（即土地生产率）、劳均产出（即农业劳动生产率）等单要素生产率指标的影响。陈飞和刘宣宣（2018）利用 2011 年中国健康与养老追踪调查数据检验发现，土地确权显著提高了农户的农业劳动生产率，与未确权户相比，确权户的农业劳动生产率平均高出了 28.7%，并且家庭耕地规模和信贷获得在其中发挥了重要的中介作用。高叙文等（2021）、王萍萍（2023）的研究则表明，土地确权同时还显著提高了农户的土地生产率，并且这主要是通过促进土地流转和土地长期投资实现的，而通过提高信贷可获得性促进土地生产率的机制尚未发挥作用。

四、有关土地确权对农户生计转型影响的研究

农户生计转型，顾名思义就是农户从一种生计策略类型转向另一种或多种生计策略类型的过程（左停和王智杰，2011）。受内外部因素驱动，在经济社会发展的不同阶段，农户生计呈现出不同的转型趋势。在改革开放以前，土地是农民赖以生存和发展的根本，农户的生计策略基本以种、养等纯农型生计为主。改革开放以后，尤其是社会主义市场经济体制确立以来，随着工业化、城市化进程的加快和户籍制度改革的深入，进城务工农民工逐渐增多，农户的生计策略随之呈现出由纯农型向兼业型、非农型生计转型的趋势。近年来，随着返乡创业政策及乡村振兴战略的实施，乡村创业环境不断完善，选择创业的农村劳动力日益增多，农户的生计策略又出现了从进城务工向自主创业的转变（童馨乐等，2019），包括从事农业集约化生产相关工作的农业创业和开展工商业经营的非农创业等（程郁和罗丹，2009；王修华等，2020）。

获得有保障的土地使用权被认为是农村发展和减贫的关键驱动因素之一（Higgins et al.，2018），也是保障农户生计能力的先决条件（Abdillah and Manaf，2022）。大量文献指出赋予农民土地权利后带来的好处。贝斯利和布格斯（Besley and Burgess，2000）发现，印度的土地产权改革减少了贫困并促进了经济增长。阿尔伯特斯和卡普兰（Albertus and Kaplan，2013）对20世纪90年代巴西、哥伦比亚以及马拉维土地产权改革的研究发现，改革使得农户能够通过土地来维持生计，促进了农户收入增长并减少了收入不平等。阿里等（Ali et al.，2014）发现，同一时期津巴布韦的土地产权和市场化改革减少了社会冲突，提高了经济绩效和政治绩效。来

自国内的经验研究同样显示，土地确权发挥了减贫增收的效力，不仅可以显著缓解农户多维相对贫困状况（刘魏和王小华，2020），降低农户家庭未来陷入贫困或持续贫困的概率（许恒周等，2022），而且有助于提高农户家庭收入水平（杨宏力和李宏盼，2020；李江一等，2021；张国林和何丽，2021；武丽娟，2022；黎毅和罗剑朝，2022），同时对贫困农户增收也有显著的正向促进作用（宁静等，2018）。

清晰稳定的土地产权能够为可持续的土地利用实践和长期投资提供激励，并对农户生计策略产生积极影响（Kenfack Essougong and Teguia，2019）。一些研究关注了土地产权制度改革对农户生计策略的影响。雅各布森等（Jakobsen et al.，2007）发现，越南土地使用权政策的实施对义安省一个偏远高地村庄的农业系统、农户生计策略和粮食自给率产生了重大影响，导致农户选择改变他们的创收活动组合，以保持和改善粮食自给率、收入和生活条件。普里查德（Pritchard，2013）对卢旺达政府在2009年实施的一系列大规模土地确权登记和农业改革的考察发现，此次改革破坏了农村自给农户的生计稳定性。李星光等（2019）认为，中国自2009年实施的新一轮土地确权改革显著提高了农业生产经营收入，降低了非农工资性收入，促使农户生计策略倾向于农业型。然而，森达等（Senda et al.，2022）对埃塞俄比亚博拉纳地区一个放牧区的考察却发现，土地确权通过提供安全保障，使得当地牧民更容易继续实现生计的多样化。

从可持续生计分析框架来看，创业本质上也是农户生计策略的一种（赵微和张宁宁，2019）。无论是农业创业还是非农创业，都是农户对自有要素利用和生计活动的选择（王杰等，2022）。中国改革开放的"经济奇迹"表明，农户家庭作为一个重要的经济单位，不仅拥有丰富的创业经验，而且蕴含着巨大的创业潜力（朱明芬，2010）。特别是在我国全面推进乡村振兴的阶段，农户家庭的创业比企业家的创业更重要（John and Abigail，2021），这不仅可以提高农户家庭的农业和非农业收入，还可以为农村农业和非农业的振兴提供动力。然而，现有研究主要关注于城市创业活动，对农村居民创业行为的研究较少，并且这方面研究主要集中在农民工创业上——因为农民工更有可能创业，而针对农户家庭创业的研究则十分鲜见。

集合各种资源要素是创业发展的客观需求。土地作为农村地区最核心的资源之一，既是农民最基本的生产资料，也是最可靠的创业资金来源（缪书超等，2021；Zhao and Guo，2022）。它一方面为农户家庭的农业创业提供了土地要素保障，另一方面依附于土地上的社会、政治、经济与文化关系网更是对农户家庭的非农创业起到了至关重要的作用（Scheyvens et al.，2017；Yang et al.，2022）。因此，土地产权制度的创新对农户的创业决策有着非常重要的影响。埃福比等（Efobi et al.，2019）发现，土地及土地权利的获得机会极大地解释了非洲农村妇女从事非农创业活动的可能性。苏岚岚和孔荣（2020）基于中国陕西、宁夏、山东 3 个省份农户调研数据的分析发现，土地流转显著促进了农户的涉农创业和非农创业。陈等（Chen et al.，2023）对中国家庭联产承包责任制改革的研究发现，儿童和青少年时期的土地改革经历会增加成年后成为企业家的概率。

作为农户土地产权保护的核心措施，土地确权一直是国内外学者关注的焦点。特别是最近几年，随着中国新一轮土地确权登记颁证政策的实施和基本完成，国内研究土地确权对农户创业影响的实证论文不断涌现。郑淋议等（2020）使用 2013～2017 年三期浙江大学中国农村家庭追踪调查数据检验发现，新一轮土地确权显著促进了农户的农业创业，与未确权农户相比，确权农户的农业创业概率提高了至少 30 个百分点，但是对非农创业并无影响。基于同一数据来源，杨等（Yang et al.，2022）进一步发现，相比于确权确股不确地，确权确地对农业创业的影响更为显著；相比于对集体或个人的土地确权，家庭层面的土地确权对农业创业的影响更大。赵和郭（Zhao and Guo，2022）使用 2013～2019 年四期中国家庭金融调查数据也得到了类似的结论，并且他们发现对于那些从未流转过土地或者未遭遇过土地调整的农户，土地确权对其农业创业行为有更明显的影响。王小龙等（2020）重点研究了新一轮土地确权改革对农户非农创业行为的影响，发现土地确权显著地降低了农户非农创业的可能性。

 第四节　对已有研究的述评

　　以上不完全的文献回顾表明，尽管土地产权的清晰界定和有效保护对于农村要素资源配置、农业生产效率提升和农户生计转型至关重要，但关于正式化的确权是否有效目前仍未能形成一致性结论，质疑和反证始终都存在。其中，对于确权所引致的土地流转效应，尽管政界和学界的舆论期待都非常高，但并未获得一致的实证支持。特别是自2009年新一轮土地确权改革启动以来，人们期望中的土地流转高潮不仅没有随着政策的推行而到来，反而陷入了"停滞期"。因此，土地确权是否具有促进土地流转的作用有待进一步厘清。此外，农业的高质量发展不仅需要界定产权，更为重要的是，如何在此基础上构建高效的土地资源配置机制，从根本上改变农业资源配置扭曲的状态和农业生产小农户化的格局。然而，现有文献普遍只研究土地确权对流转本身的影响，并未追溯到土地资源配置层面，联合考察确权对土地流转去向和规模化经营影响的文献更是付之阙如。随着全国土地确权工作的基本完成，如何进一步发挥土地确权制度效应成为政策关注的焦点。在此背景下，我们有必要从更宽广的视域来重新审视确权对土地流转的影响，将研究的重点由关注是否促进流转发生，延伸至关注流转方向是否有利于土地资源优化配置和规模化经营。

　　关于土地确权对劳动力转移的影响，总的来说证据较少而分歧较大。

早期文献着重强调了土地确权带来的地权稳定性提升对劳动力转移的正向影响；近期一些文献则提出地权稳定会激励农户增加对土地的投资和农业劳动投入，从而抑制劳动力非农转移。两种观点都能够得到大量经验证据的支持，反映出土地确权对农户劳动力配置的影响具有不确定性，也启示我们需要补充更多来自不同层面和不同角度的经验证据对此进行进一步验证。另外，已有研究很少考虑土地流转市场在其中的调节作用。理论上，一个相对发达的土地流转市场能够给农户更大的自由选择空间和资源配置的选择集——确权后农户可以选择将土地租出而不是继续耕种，并以地租形式对之前的土地投资进行回收补偿，这无疑会弱化所谓的"生产率效应"对劳动力非农转移的负面影响；相反，如果土地流动性不足，不仅确权所赋予农户的土地处置权无法得到实际落实，而且农户在非农转移时还将面临土地投资成本无法回收和农业未来收益无法变现的损失，为最大程度减少沉没成本，农户将选择继续从事农业生产，从而强化"生产率效应"对劳动力非农转移的抑制作用。因此，在检验土地确权对劳动力转移的影响时，十分有必要将土地流转市场的调节作用纳入考察范畴。

在土地确权如何影响农业生产效率的问题上，国内外研究同样未能达成共识。这种分歧一方面可能源自不同研究所使用的数据样本、农业生产效率测度指标的差异；另一方面则可能是因为土地确权效果的发挥需要一些具体条件，例如，与农业发展相关的基础设施、更加完善的农村要素市场等。由于一些国家和地区由于缺乏这些必要条件，导致土地确权影响农业生产效率的传导机制无法有效发挥作用。还需指出的是，虽然理论研究确认了土地确权影响农业生产效率存在着三个可能的作用机制：投资激励效应、土地流转效应和抵押信贷效应，但现实中不同地区之间的正式和非正式土地产权制度千差万别，法律上的正式确权既不能与事实的地权安全稳定"划等号"，也不必然意味着就会增加农户的土地权益。尤其是在中国情境下，土地确权并非一次，土地调整屡禁不止，农户拥有不同的产权经历，同时大多数地区在确权之前已经拥有稳定的土地产权。因此，始于2009 年的新一轮土地确权究竟能否促进农业生产效率提高，还需要补充更多的实证研究加以验证。此外，现有文献多集中于探讨土地确权对土地生产率、劳动生产率等单要素生产率和农业生产技术效率的影响，而缺乏对农业全要素生产率（total factor productivity，TFP）影响的讨论。与单要素生产率相比，全要素生产率综合考虑了土地、劳动力、资本以及中间品投入要素等的贡献程度，不受要素使用密集度的影响，能更综合、准确地反映农业生产活动的效率水平，可能更适合用于评估土地确权对农业生产效率的影响。

已有研究较少关注土地确权对农户生计策略选择的影响。合理引导农户生计策略选择是提高农户外部风险应对能力、积极响应国家政策、助力乡村振兴战略目标实现的必由之路。在可持续生计框架下，现有研究重点强调物质资本、人力资本、社会资本、金融资本和自然资本对农户生计策略选择的影响，而土地作为农户最重要的生计资产，是农户生计策略的突出反映，任何关于土地的制度变革，都会触动他们的敏感神经，引起其生计方式的变化。自 2009 年以来，我国启动实施的新一轮农村土地确权登记颁证政策就是一项典型的土地产权制度改革。但是目前专门探讨本轮确权对农户生计策略选择影响的研究并不多。更进一步，创业作为可持续生计分析框架所揭示的农户生计策略的一种，近年来在返乡创业政策和乡村振兴战略的共同推动下，越来越受到农户青睐。那么，新一轮土地确权改革能否促进农户生计策略由农业型或者进城务工型向自主创业型转变呢？目前，尚无文献对此进行深入考察。因此，土地确权与农户生计策略转型的关系同样也需要进一步探索。

从方法论的角度，已有研究在以下两个方面也值得商榷与改进。一是对土地确权的界定。受限于研究时间起点和数据的可得性，关于是否确权，先后形成了两种不同的变量设置方式：一种以"是否发放土地承包合同或承包经营权证书"为标准，这主要对应于前两轮的土地确权；另一种以 2009 年以来"村庄是否开展或完成土地承包经营权的确权登记颁证"或者"农户是否取得土地承包经营权证书"为标准，这对应于新一轮的土地确权改革工作。不同的变量界定方式显然会导致不一样的研究结论，而这在已有研究中没有予以明确区分。特别是新一轮土地确权是一个包含确权、登记、颁证等各个环节在内的先行后续、前后衔接的系统工程，受技术、政策及天气条件等多因素的影响，本轮确权周期较长，从工作动员、测绘工程招标、实地调查测绘，到最后颁证及数据平台的建设完成，经常需要至少一年多的时间。而一些文献简单地以"村庄是否进行确权"作为农户个体是否确权颁证的代理变量，实际上忽略了村庄内部不同农户之间的确权颁证进度差异。二是对土地确权内生性的处理。土地确权作为一项制度变迁，精确评估土地确权的政策效应需要克服其本身就可能存在的选择偏差、反向因果等带来的内生性问题。囿于数据和方法的限制，现有文献对土地确权的内生性关注不足，这也是导致现有研究结论存在较大分歧的原因之一。

第三章

土地的确权、流转
与再配置

第一节 引言

中国人多地少的国情农情决定了土地资源的有效配置对于提高农业生产效率具有重要意义（史常亮等，2020）。在家庭联产承包责任制下，土地按照人口平均分配，这忽略了不同农户在农业生产能力上的异质性，不仅造成土地资源的错配，而且还使得劳动力分配不合理，降低了农业总生产率（Adamopoulos et al.，2022）。亟待建立一种灵活高效的土地重新配置机制，使土地能够从农业生产能力低的农户转移到农业生产能力高的经营主体手中，以提高土地资源配置效率。对于大多数发展中国家和地区而言，发展土地流转市场都是建立土地再配置机制的有效手段（Deininger and Jin，2005；史常亮等，2016）。自2008年党的十七届三中全会提出建立健全土地承包经营权流转市场以来，中央相继出台了一系列政策以加快土地流转步伐。然而，由于土地产权的残缺和不稳定，导致农户或者因为担心出租的土地被村集体收回而不愿转出土地（Yang，1997），或者因为担心遭遇违约而仅在亲友邻居间流转土地（Jin and Deininger，2009），以至于无论是土地流转的规模和范围，还是土地流转的市场化和正规化程度，都远未达到预期目标。土地流转不仅未实现农业去"内卷化"的目标，自身反而陷入了增速放缓、小农复制和生产效率递减的"内卷化"困境（匡远配和陆钰凤，2018）。

土地高效顺畅流转的前提是土地的产权或使用权得以清晰界定并受到有效保护（程令国等，2016）。为建立"归属清晰、权责明确、保护严格、流转顺畅"的现代土地产权制度，2011年农业部联合财政部等六部门下发《关于开展农村土地承包经营权登记试点工作的意见》，首次提出在土地实测的基础上对农户承包地"确实权、颁铁证"，"把承包地块、面积、合同、权属证书全面落实到户"。与以往的土地确权项目相比，新一轮确权通过聘请专业测绘机构和技术人员以保证土地的四至清晰、面积准确，使得土地权属和地块信息比以往更准确；并且通过为农户颁发具有法律效力的土地产权证书和实行电子化归档，使得土地产权的主体更加明确（杨广亮等，2022），为土地的流转交易和再配置准备了坚实的产权基础。已有研究着重考察了本轮确权对农户土地流转行为的影响，认为确权所带来的土地产权安全性和稳定性增强能够有效减少土地流转的交易成本，促进土地流转发生，并通过经验研究得到了验证（Wang et al.，2018；李江一，2020；Qin et al.，2020；杨广亮等，2022；Zhang et al.，2022）。然而，亦有研究表明，本轮确权对农户土地流转并无显著影响（胡新艳和罗必良，2016；Cheng et al.，2019），甚至还会因为农业生产激励和交易费用机制抑制农户土地转出（林文声等，2017），因为劳动力流动、交易费用、禀赋效应抑制农户土地转入（冯华超和钟涨宝，2018；罗必良，2019）。因此，新一轮土地确权究竟能否有效促进土地流转，仍有待更多来自不同层面和不同角度的经验证据支撑。

土地制度变革的核心问题是农业经营主体的问题，也可以说是由谁来种地的问题。因此从这个意义上来说，与是否促进流转相比，确权激励下的土地能否流转给农业生产能力更高的经营主体，是一个更值得关注的问题。2014 年，中共中央、国务院联合发布《关于引导农村土地经营权有序流转 发展农业适度规模经营的实施意见》，明确提出土地流转要"坚持经营规模适度"，"不断提高劳动生产率、土地产出率和资源利用率，确保农地农用，重点支持发展粮食规模化生产"。这同样表明，土地流转后的要素资源配置效率问题和农业适度规模经营问题，是国家政策层面上重点关注的问题，也是国家推行土地流转和规模经营过程中需要优化的问题。然而，已有研究对此并未给予足够重视，相关研究依旧停留在确权是否促进土地流转层面，没有进一步讨论确权是否促进了土地资源的更有效配置，从而在一定程度上缓解了我国农村地区普遍存在的土地资源错配问题，以及能否推动实现土地规模化经营，从而改变我国农业生产长期面临的土地细碎化、经营小农户化格局。确权所隐含的资源配置含义被大大忽视了（罗必良，2016）。

鉴于此，本章拟结合新一轮的土地确权登记颁证改革，对上述问题进行初探性的研究。具体地，本章尝试将土地确权、土地流转与土地资源再配置纳入同一个分析框架，利用中国家庭金融调查（CHFS）在 2013 年和 2015 年的两轮调查数据，一方面实证分析土地确权对农户土地流转参与的影响，另一方面还将关注土地确权后的流向问题，即检验土地确权对土地资源再配置和规模化经营的影响。与已有研究相比，可能的边际贡献体现在：将确权对土地流转影响的研究重点由关注是否促进流转发生，延伸至关注流转方向是否有利于土地资源优化配置和规模化经营，拓展了土地确权政策效果评估的研究视角，有利于丰富现代产权理论的实践意蕴。

 ## 第二节 理论分析与假说

一、土地确权与土地流转

借鉴丹宁格和金（Deininger and Jin，2005）、程令国等（2016）的研究，考察一个代表性农户，该农户拥有初始土地禀赋 $\bar{T}$、劳动力禀赋 $\bar{L}$ 和农业生产能力 a。假定不存在本地农业雇工市场，为实现家庭劳动收入最大化，农户需要将劳动力在农业和非农业之间合理配置。为简化分析，我们将农产品价格标准化为 1，则农户投入 L_a 农业劳动力可获得的农业产

出收入为 $af(L_a, T)$，其中，$af(\cdot)$ 为农业生产函数[①]，T 为该农户实际耕种的土地面积；投入 L_n 非农业劳动力可获得的工资收入为 wL_n，其中 w 为外生给定的非农工资率，$L_n = \bar{L} - L_a$。与此同时，为取得适宜的土地—劳动力比率，农户需要从市场中转入或转出一部分土地，用 $T^{in}(=T-\bar{T})$ 表示土地转入数量，用 $T^{out}(=\bar{T}-T)$ 表示土地转出数量。进一步地，由于土地产权制度的不完善，农户流转土地伴随着一定的交易成本 c。不失一般性地，我们假定该成本与土地流转量成正比，并允许转入户和转出户面临不同的交易成本，分别用 $c_{in}(\phi)$ 和 $c_{out}(\phi)$ 表示，其中 ϕ 表示土地产权安全性。我们假定交易成本 c 随土地产权安全性 ϕ 的提高而下降，即 $c'(\phi) < 0$。令 r 表示外生给定的土地租金率，则该代表性农户面临的优化问题可以写作：

$$\max_{L_a, L_n, T} af(L_a, T) + wL_n - I^{in}\big[\,(r + c_{in}(\phi))\,T^{in}\,\big] + I^{out}\big[\,(r - c_{out}(\phi))\,T^{out}\,\big]$$

$$(3-1)$$

$$\text{s. t.} \quad L_a + L_n \leqslant \bar{L} \qquad\qquad (3-2)$$

$$L_a, L_n,\ a \geqslant 0 \qquad\qquad (3-3)$$

其中，I^{in} 为代表农户是否转入土地的二元指示变量（转入 $=1$，否则 $=0$），I^{out} 为代表农户是否转出土地的二元指示变量（转出 $=1$，否则 $=0$）。由式（3-1）、式（3-2）、式（3-3）可推得 (L_a^*, T^*) 满足如下一阶条件：

$$af_{L_a}(L_a^*, T^*) = w \qquad\qquad (3-4)$$

$$af_T(L_a^*, T^*) = r + c_{in}(\phi) \quad （选择转入） \qquad (3-5)$$

$$af_T(L_a^*, T^*) = r - c_{out}(\phi) \quad （选择转出） \qquad (3-6)$$

而选择不参与土地流转的农户则满足：

$$r - c_{out}(\phi) < af_T(L_a^*, \bar{T}) < r + c_{in}(\phi) \qquad (3-7)$$

---

① 由于农业生产中资本一般附着于土地上，为了简化模型，我们只引入土地面积，暂不考虑农业资本的影响。我们假定生产函数 $af(\cdot)$ 对 L_a 和 T 满足假设：$f_{L_a} > 0$，$f_T > 0$；$f_{L_a L_a} < 0$，$f_{TT} < 0$；$f_{L_a T} = f_{TL_a} > 0$ 以及 $f_{L_a L_a} f_{TT} - f_{L_a T} f_{TL_a} > 0$，且满足 Inada 条件，即 $f'(0) = +\infty$，$f'(+\infty) = 0$。

结合式（3 - 5）、式（3 - 6）、式（3 - 7）可以推导出农业生产能力的两个边界点：$a_L = f_T^{-1}(L_a^*, \bar{T})[r - c_{out}(\phi)]$ 和 $a_U = f_T^{-1}(L_a^*, \bar{T})[r + c_{in}(\phi)]$，它们同时定义了土地流转市场中转入户和转出户的生产能力临界值，即生产能力低于 a_L 的农户将会选择转出土地，生产能力高于 a_U 的农户将会选择转入土地，而生产能力介于 (a_L, a_U) 的农户将会选择不参与土地流转，即维持自给自足。

首先，由于交易成本 c 的存在，使得部分农户无法进入土地流转市场，减少了参与土地流转市场交易的农户数量。而新一轮确权通过"确实权、颁铁证"，强化了农户土地产权的安全性。由于交易成本 c 是土地产权安全性 ϕ 的单调减函数，由 a_L、a_U 分别对 ϕ 求导，并根据链式法则容易得出：$\dfrac{\partial a_L}{\partial \phi} > 0$ 和 $\dfrac{\partial a_U}{\partial \phi} < 0$。即确权带来的土地产权安全性提高将引起区间 (a_L, a_U) 收缩，从而使得更多的农户参与土地流转市场交易，提高土地流转的参与率。

其次，土地流转市场的成交量也随着交易成本 c 的增加而减少。而当土地产权安全性提高时，对于选择转入土地的农户而言，由式（3 - 4）、式（3 - 5）对 ϕ 求导并根据克莱姆法则可推得：$\dfrac{dT^*}{d\phi} > 0$；对于选择转出土地的农户而言，由式（3 - 4）、式（3 - 6）对 ϕ 求导同样可以推得：$\dfrac{dT^*}{d\phi} < 0$。可见，当土地产权安全性 ϕ 提高时，转入户对自我耕种土地的需求量 T^* 将上升，从而土地转入数量 $T^{in} = T^* - \bar{T}$ 会增加；转出户对自我耕种土地的需求量 T^* 将下降，从而土地转出数量 $T^{out} = \bar{T} - T^*$ 也会增加。因此，确权带来的土地产权安全性提高还将引起农户土地流转规模的扩大，提高土地流转的发生率。

综合上述分析，可以提出本章研究的第一个待检验假说：

假说1：土地确权有利于提高土地产权安全性和稳定性，从而促进农户土地流转行为的增加。

二、土地确权与土地资源再配置

研究假说 1 表明，土地确权将有助于促进农户土地流转。但是从全局看，土地如何才能在流转过程中动态地配置到农业生产能力更高的经营主体手中，是一个更为重要的问题。因为只有土地自由流转向能更有效率使用的生产者手中，使其耕种规模与其农业生产能力成正比，才能产生边际产出拉平效应（姚洋，2000），实现土地资源的优化配置。首先，结合式（3-2）、式（3-3）或式（3-4）对 a 求全微分可以推导出：

$$\frac{\partial T^*}{\partial a} = \frac{f_{TL_a}f_{L_a} - f_T f_{L_a L_a}}{a(f_{TT}f_{L_a L_a} - f_{L_a}f_{TL_a})} > 0 \qquad (3-8)$$

式（3-8）表明，农户的实际耕种土地数量与其农业生产能力 a 呈正相关。因此，对于转入户而言，有 $\frac{\partial T^{in}}{\partial a} = \frac{\partial(T^* - \bar{T})}{\partial a} > 0$，即农业生产能力越高的农户，转入的土地数量越大；对于转出户而言，有 $\frac{\partial T^{out}}{\partial a} = \frac{\partial(\bar{T} - T^*)}{\partial a} < 0$，即农业生产能力越低的农户，转出的土地数量越大。由此通过流转，土地将从农业生产能力低的农户转移到农业生产能力高的农户，起到拉平土地边际产出的作用。

而由前面的论述可知，交易成本 c 的存在使得区间 (a_L, a_U) 比不存在交易成本时更宽，此时一些原本该进入土地流转市场的农户不得不维持自给自足的状态，从而挤占了一部分高生产能力农户的土地份额，使土地边际产出不能在不同农户之间达到均等，并拉低土地资源配置效率。由于交易成本 c 是土地产权安全性 ϕ 的单调减函数，确权带来的土地产权安全性的提高将导致 c 下降，进而使得 a_L 向上扩张至 a_L'、a_U' 向下收缩至 a_U'，这会促使一些原来属于土地自给自足但生产能力较低的农户转变为土地流转市场的供给方，一些原来属于土地自给自足但生产能力较高的农户转变为土地流转市场的需求方。我们可以用图 3 – 1 来说明上述农户更替演化的过程。依图所示，土地确权后，土地流转的交易成本的下降使得维持自给自足家庭的范围收窄，一方面，转出户临界生产能力水平 a_L 上升至 a'_L，更多低生产能力（生产能力在 a_L 和 a'_L 之间）的农户会转出土地；另一方面，转入户临界生产能力水平 a_U 降低至 a'_U，更多具有较高生产能力（生产能力在 a'_U 和 a_U 之间）的农户则会转入土地。由于农户转出（入）土地的数量与土地产权安全性 ϕ 呈正相关，而与其农业生产能力水平 a 呈负（正）相关，因此，确权带来的土地流转交易成本下降会通过同时增加低生产能力农户的土地转出数量和高生产能力农户的土地转入数量，促进土地在更大范围内优化配置。据此分析，我们有第二个待检验假说：

假说 2：土地确权有助于促使更多低（高）生产能力农户转出（入）土地，从而促进土地资源优化配置。

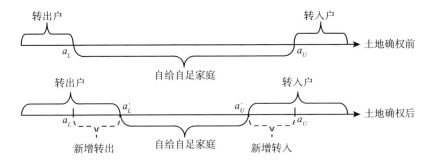

图 3 – 1　土地确权前后对比

三、土地确权与土地规模化经营

土地规模化经营[①]是中国农业发展的必然趋势（韩家彬等，2018）。

---

①　与工业部门的规模经营不同，土地作为农业最基本的生产资料，通常表现为缺乏弹性的特征，为扩大经营规模设置了天然的障碍。因此，农业的规模经营常常直接表现为土地的规模经营，即以土地规模调整为中心的规模变动（郭庆海，2014）。

在中国现行农村土地制度安排下，土地经营规模的扩大必然依赖于土地经营权的有序流转。从长远看，中国农村土地规模经营的形成过程，也就是18亿亩承包耕地的经营权逐步从2亿多户小农户手中，转移或聚集到专业大户、家庭农场、农业合作社、企业等新型农业经营主体手中的过程（赵鲲和刘磊，2016）。一直以来，由于土地产权的模糊性、不完整性，导致中国农村土地权属关系较为复杂，为了避免权属纠纷，土地流转的范围大多局限于村庄熟人圈子。实地调查数据发现，中国90%以上的土地流转行为发生在同一个行政村内部（洪名勇，2009），高达91.37%的农户选择将土地流转给本村村民（石敏和李琴，2014）。这种依靠人情关系维系的土地流转交易不仅难以塑成有效的制度环境（田媛等，2022），而且阻碍了土地的市场化配置和规模化经营，造成显著的生产率损失（Macours et al.，2010）。

土地确权颁证依靠法律制度对土地的权属范围进行了明确的界定，解决了历史遗留的复杂权属关系，扩大了土地使用、处分和收益等权能配置的空间，在促进土地流转范围扩大的同时，也为土地规模化经营提供了可能性。一方面，土地确权强化了对土地承包经营权的物权保护，为外部经营者依法享有对转入土地的使用和收益权利提供了保障，促成了产权安全背景下村集体、承包户和多元经营者共享地权、共同获利的经营格局（钟晓萍等，2020），为新型农业经营主体进入农业和从事规模化经营创造了条件。另一方面，土地确权有助于降低土地流转的交易成本，提高土地流转的净收益，从而激励更多经营主体参与土地流转（仇童伟和罗必良，2022），促使土地从普通农户向规模化专业化的农业大户和农业企业集中，实现土地的规模化经营。基于此，提出研究假说3：

假说3：土地确权有助于扩大土地流转交易范围，促进土地向专业大户、家庭农场、合作社、农业企业等新型农业经营主体集中。

模型设定与数据来源

一、实证模型设定

在中国，由于土地产权结构的限制，农户只能通过土地流转来实现土地资源的再配置（钱龙和洪名勇，2016）。因此，本章的分析从考察新一轮土地确权改革对农户土地流转活动的影响开始。不同于国外由农户自主提出确权申请，中国新一轮土地确权是一场自上而下的国家赋权行动，由政府强力推动，因此相对于农户，土地确权是外生的（程令国等，2016）。但不同村庄的土地确权进展和村庄特征具有密切的关系，并且这种特征在短时间内不会发生变化，我们通过控制村庄固定效应来降低土地确权与农户土地流转之间可能存在的内生性（洪炜杰和罗必良，2023）。为此，建立如下形式的混合横截面数据回归模型[①]：

$$Rent_{hvct} = \alpha + \beta Cert_{vt} + \lambda X_{hvct} + \delta_v + \gamma_t + \varphi_{ct} + \varepsilon_{hvct} \qquad (3-9)$$

其中，h 代表农户，v 代表村庄，c 代表村庄所在城市，t 代表年份，$Rent_{hvct}$ 是反映农户土地流转状况的指标，包括是否转出土地和转出土地面积。由于样本中有大量农户未发生土地流转行为，为解决零值问题，我们对土地转出面积进行反双曲正弦（inverse hyperbolic sine，IHS）转换[②]，在取对数的同时控制极端值。另需说明的是，这里我们只关注土地转出指标的原因

[①] 我们未采用固定效应模型的另一个原因是，这会损失较多的自由度，可能使得估计结果的偏误较大。实际上，由于本章的核心解释变量在宏观（村庄）层面，微观层面的农户土地流转行为很难对宏观变量产生较大影响。

[②] 与对数变换类似，IHS 转换同样能够缩小数据的绝对数值，但较之对数变换，IHS 转换不仅适用于正值，还适用于零值和负值，对于含有大量 0 值的长尾分布更优。

是土地转入指标的误差较大。一方面，不少农户会混淆从其他农户转入的土地和从村集体承包的土地；另一方面，随着各类新型农业经营主体的发展，农户是土地转出的唯一主体，由于调查一般以村为抽样单位但并不是土地转入的唯一主体，这会导致一些事实上转入本村土地的非本村农户或者新型农业经营主体被排除在调查样本框外，从而使得土地转入指标存在一定的噪声（程令国等，2016；王璐等，2020；杨广亮和王军辉等，2022）。

$Cert_{vt}$表示土地确权，用村庄中已领取到土地经营权证书的农户占样本农户总数的比例衡量。新一轮土地确权普遍以行政村或村小组为单位统一展开，因此，已有研究中通常采用村级变量"村庄是否进行确权"作为代理变量。然而，尽管村庄的确权工作在程序上是同步进行的，但是在实际执行过程中，由于不同农户的确权颁证存在先后顺序，使得同一村庄内部不同农户的土地经营权证书持有状况有所差异。此时，采用"村庄是否进行确权"作为分组变量将会产生很大的偏差（丰雷等，2021）。我们采用"村庄土地确权率"作为土地确权的代理变量，这不仅可以更好地利用样本中的信息，降低由于受访者误报和错报导致的测量误差，而且还能够在一定程度上缓解土地确权衡量的内生性。我们根据 2015 年 CHFS 调查问卷中的"您家土地是否取得土地经营权证书？"和"您家土地是哪一年颁发的土地经营权证书？"两个问项，识别出每个家庭是否以及何时确权的信息，然后将家庭层面的信息加总到村庄层面，计算得到村庄土地确权率，即村庄中回答已取得土地经营权证书的农户占全部样本农户的比重。已有研究印证了这种做法的合理性与必要性（Deininger et al.，2014；汪险生和李宁，2019）。

X_{hvct}是一系列农户家庭层面随时间变化的可观测因素，作为控制变量。安格里斯特等（Angrist et al.，2009）认为在回归中有两类控制变量需要加以区分：一类是为保证条件独立假设（conditional independence assumption，CIA）成立而控制的变量，称为"好控制变量（good controls）"。由于这类变量既影响被解释变量又影响处理变量，必须在回归方程中加以控制，否则会导致明显的"遗漏变量"问题。另一类是可能导致 CIA 不成立的变量，称为"坏控制变量（bad controls）"。这类变量虽然影响被解释变量，但同时受处理变量影响，必须排除在回归方程之外，否则可能对因果效应的估计产生极大的影响。黄炜等（2022）提供了判断控制变量是否合理的一个经验法则：考虑控制变量的决定时间，在处理时点之后发生变化的变量都可能受到处理变量的影响，很可能是坏控制变量。遵循这一法则，我们尽可能选择那些影响农户土地流转决策，但不受新一轮土地确权政策实施影响的变量作为控制变量。同时，由于我们的分析集中在家庭层面，并控制了村庄和年份固定效应，因此控制变量主要为家庭层面的一系列特征，包括：男性家庭成员比例、家庭成员平均年龄及其平方（取自然对数）、小学以上教育程度人口比例、家庭劳动力比例、是否村干部户、是否党员户。

δ_v 是村庄固定效应，用以控制村庄层面不随时间变化的不可观测却存在系统性差异的因素的影响。γ_t 是时间固定效应，用以控制对所有农户相同但随时间变化的不可观测因素的影响。φ_{ct} 是村庄所在城市与年份的交互固定效应，用来消除土地流转在城市间的时间趋势差异。ε_{cvht} 是随机误差项，由于新一轮土地确权工作通常在村庄层面推进和落实，我们将标准误聚类（Cluster）到村庄。

二、数据来源说明

本章使用 2013 年和 2015 年两轮的中国家庭金融调查（China household financial survey，CHFS）数据展开实证分析。该数据由西南财经大学中国家庭金融调查与研究中心提供，调查采用三阶段分层、与人口规模成比例（PPS）的抽样方法在全国抽取家庭样本，且每两年对抽样家庭进行一次追踪访问。其中，2013 年调查样本覆盖了全国除西藏、新疆和港澳台地区外

的 29 个省（自治区、直辖市）267 个县（市、区）1048 个村（社区）的
28141 户家庭，数据具有全国和省级代表性；2015 年在对 2013 年样本进行
追访的同时，将样本规模扩充至上述 29 个省（自治区、直辖市）351 个县
（市、区）1396 个村（社区）的 37289 户家庭，数据具有全国、省级、副
省级城市代表性。CHFS 问卷调查内容涉及人口结构与就业、收入与消费、
负债、土地与住房、金融资产与其他非金融资产等。其中的土地模块对每
个被调查家庭的土地拥有情况、流转、征用、确权等信息进行了细致的询
问。特别地，2015 年 CHFS 调查详细记录了新一轮土地确权以来每个农户
是否颁发土地经营权证书以及具体的颁发时间信息，为本章研究提供了可
靠的数据基础。

　　根据本章研究目标，我们对数据进行如下处理：一是删除城镇地区样
本，仅保留农村地区样本；二是为确保本章定义的土地确权一定是新一轮
的土地确权，剔除 2009 年之前就已经取得土地经营权证书的样本。经上述
处理后，最终获得 18855 个有效样本，其中，2013 年为 8932 户，2015 年
为 9923 户。[①] 表 3 – 1 汇报了本章所使用变量的定义及基本描述统计信息。

表 3 – 1　　　　　　　　　变量定义与描述统计

变量名称	变量定义或测度	观测值	均值	标准差
是否转出土地	是 = 1，否 = 0	15053	0.125	0.311
转出土地面积	家庭当年实际转出的土地面积，亩	14993	0.638	3.669
村庄土地确权率	村庄内已取得土地经营权证书农户数/农户总数	18855	0.147	0.213
男性家庭成员比例	家庭中男性人口数/总人口	18855	0.526	0.177
家庭成员平均年龄	家庭成员年龄总和/总人口的自然对数	18855	3.732	0.327
家庭成员平均年龄平方	家庭成员平均年龄平方的自然对数	18855	14.039	2.456
小学以上教育程度人口比例	家庭中小学以上教育程度人口/总人口	18855	0.699	0.277

---

① 因一些变量存在缺失值，在回归分析中实际报告的有效样本量会有所不同。

续表

变量名称	变量定义或测度	观测值	均值	标准差
家庭劳动力比例	家庭中 16～65 岁劳动力人口/总人口	18855	0.679	0.308
是否党员户	是＝1，否＝0	18855	0.100	0.300
是否村干部户	是＝1，否＝0	18855	0.124	0.329
村庄内转出土地农户比例	村庄内转出土地农户数/农户总数	1032	0.102	0.128
村庄内转出土地面积比重	村庄内转出土地面积/村庄土地总面积	1024	0.095	0.148
土地转出期限	土地转出的期限（年）	1169	5.813	7.310
转入土地面积	家庭当年实际转入的土地面积（亩）	17789	4.857	338.703
是否新进入农业生产	是＝1，否＝0	5888	0.131	0.338
村外土地流转比例	流转给村外承租主体的农户数/农户总数	586	0.026	0.077
村庄规模化土地流转比例	流转给规模经营主体的农户数/农户总数	586	0.025	0.074

注：①劳动力指年龄在 16 岁及以上、65 岁（不含）以下的家庭成员；②党员户指家庭成员中是否有中共党员；③村干部户指有家庭成员中是否有人担任村干部。

 第四节 实证结果分析

一、确权对土地转出的影响

我们首先检验中国新一轮的土地确权改革是否促进了农户家庭层面的土地流转活动。表 3－2 报告了相应回归结果。其中，列（1）只控制了村庄和年份的固定效应。回归结果显示，确权对农户的土地转出面积并无显著影响。考虑到不同地区随时间变化的特征（如财政状况、农业发展政策）可能决定着确权推行与否，而这些因素会同时作用于农户的土地流转行为，因此在列（2）中加入村庄所在城市和年份交互的固定效应。结果显示，在消除土地流转在城市间的时间趋势差异后，确权显著增加了农户的土地转出数量。平均而言，村庄土地确权率每提高 1 个百分点，农户平均转出土地面积将增加约 20.3%。列（3）在列（2）的基础上进一步加入男性家庭成员比例、家庭成员平均年龄及其平方、小学以上人口比例、家庭劳动力比例、是否党员户、是否村干部户等变量，以控制家庭特征对土地流转的影响，结果发现村庄土地确权率的系数估计值相较于列（2）几乎无差异。列（4）将被解释变量替换为二值虚拟变量"是否转出土地"，并使用线性概率模型（linear probability model，LPM）进行估计。结果显示，确权至少在 10% 水平上显著增加了农户转出土地的概率，村庄土地确权率每提高 1 个百分点，农户参与土地转出的可能性将增加 7.7%。这说明，新一轮确权改革确实提高了土地流转市场的活跃度，土地流转显著增加。

表 3 - 2　　　　　　　　　　　　基准回归结果

解释变量	土地转出面积 （1）	土地转出面积 （2）	土地转出面积 （3）	是否转出土地 （4）
村庄土地确权率	0.032 (0.056)	0.203 ** (0.082)	0.203 ** (0.082)	0.077 * (0.039)
男性家庭成员比例			- 0.049 (0.037)	- 0.028 (0.018)
家庭成员平均年龄（对数）			- 1.225 *** (0.410)	- 0.888 *** (0.194)
家庭成员平均年龄平方（对数）			0.182 *** (0.056)	0.127 *** (0.026)
小学以上教育程度人口比例			0.094 *** (0.028)	0.039 *** (0.013)
家庭劳动力比例			- 0.105 *** (0.031)	- 0.047 *** (0.014)
是否党员户			0.057 *** (0.020)	0.029 *** (0.010)

续表

解释变量	土地转出面积 （1）	土地转出面积 （2）	土地转出面积 （3）	是否转出土地 （4）
是否村干部户			− 0.005 （0.016）	− 0.005 （0.008）
常数项	0.223 *** （0.009）	0.196 *** （0.013）	2.245 *** （0.735）	1.660 *** （0.350）
村庄固定效应	是	是	是	是
年份固定效应	是	是	是	是
城市×年份固定效应		是	是	是
R^2	0.193	0.208	0.217	0.211
观测值	14915	14914	14914	14993

注：①土地转出面积为 IHS 函数形式；②圆括号内为聚类到村的稳健标准误。＊、＊＊、＊＊＊分别表示10%、5%和1%的显著性水平。

二、工具变量估计

基准模型的回归结果可能存在内生性问题。一方面，各地在推进土地确权过程中，通常按照先易后难、先局部试点再普遍推广的路径来开展，那些率先实施确权的地区有可能是被选出来的，从而导致不同地区的农户能否取得土地经营权证书不再随机，带来内生性问题（孙琳琳等，2020）；另一方面，村庄内部不同农户的确权进程差异可能与其土地流转情况有关，比如具有更强流转意愿的农户可能更有领取土地经营权证书的意向，这种反向因果关系也会带来内生性问题。我们采取工具变量法来克服潜在内生性。参考孙琳琳等（2020）的思路，我们构造了两类指标作为工具变量。一类是外生土地确权政策冲击："所在省是否出台土地确权政策。"自2009年中央政府启动新一轮土地确权改革以来，各省份也相继印发了本省份农村土地承包经营权确权登记颁证工作方案或实施意见，以确保土地确权工作平稳推进。理论上，农户所在的省份越早出台政策推动土地确权工作，该省份农户领到土地经营权证书的可能性就越大[1]，但政策何时出台对于单个农户而言却属于无法事先预料的外生冲击性事件，故同时满足工具变量的相关性和外生性要求。另一类变量反映村庄周边地区的土地确权进展情况："县域内除该村庄外其他村庄的确权比例。"同一县域内其他村庄的确权状况反映了该地区的土地确权进展，在县级政府的统一部署下，本村庄也会倾向于尽早推动确权，从而符合工具变量相关性的要求；但是本村以外的村庄对于农民而言是不同的生活单位，具有明显的行为差异与生活界限，其土地确权情况并不会直接影响到本村农户的生产经营行为，故满足工具变量的外生性。为保证工具变量在时间维度的变异，我们将第一类工具变量和第二类工具变量的交乘项"所在省是否出台土地确权政策×县域内除该村庄外其他村庄的确权比例"，作为内生变量"村庄土地确权率"的工具变量。

表 3-3 的列（1）汇报了基于工具变量的两阶段最小二乘（2SLS）回归结果。为了节约篇幅，我们仅报告了针对土地转出面积的影响估计。可以看到，在使用工具变量法解决潜在内生性问题后，关注变量"村庄土地确权率"对土地转出面积的影响依旧保持在 5% 水平上显著为正。列（2）汇报了 2SLS 的第一阶段回归结果，其被解释变量为内生变量"村庄土地确权率"，工具变量"所在省份是否出台土地确权政策×县域内除该村庄外其他村庄的确权比例"的估计系数在 1% 水平上显著为正，符合理论预期；且一阶段 F 统计量远大于经验临界值 10，说明所选取工具变量不存在弱工具的问题。列（3）汇报了半简化式回归（semi-reduced form regression）的估计结果，它将工具变量作为解释变量加入原方程中，回归的基本逻辑是：如果工具变量只能通过内生变量对被解释变量产生影响，那么当控制了内生变量，工具变量应无法在统计上显著地影响被解释变量。在列（3）

---

[1]　为检验工具变量选取是否合适，我们对村庄土地确权率与所在省是否出台土地确权政策进行相关性分析，结果显示 Pearson 相关系数值为 0.4414，且在 1% 显著性水平上显著。

中，工具变量的估计系数不显著，佐证了工具变量同时满足外生性条件，是相对理想的工具变量。进一步，异方差稳健的 Durbin – Wu – Hausman（DWH）检验的概率 p 值为 0.1783，在 10% 的显著性水平上不能拒绝"所有解释变量均外生"的原假设，说明内生性问题对基准模型的参数估计影响不大，间接证实了本章研究结论的稳健性。

表 3 – 3　　　　　　　　　　工具变量估计结果

解释变量	2SLS （1）	第一阶段回归 （2）	半简化式回归 （3）
村庄土地确权率	0.260 ** （0.113）		− 0.001 （0.191）
工具变量		1.308 *** （0.075）	− 0.342 （0.246）
家庭特征变量	是	是	是
村庄固定效应	是	是	是
年份固定效应	是	是	是
县×年份固定效应	是	是	是
F 统计量		302.828	
R^2	0.014		0.202
观测值	13138	13138	13138

　　注：①在进行 2SLS 估计的时候，为增强工具变量外生性，在回归中我们控制了县和年份交互固定效应；②限于篇幅，家庭特征变量和常数项的结果未予列示；③圆括号内为聚类到村的稳健标准误。**、*** 分别表示 5% 和 1% 的显著性水平。

三、其他稳健性检验

为了保证上述研究结论的可靠性，我们从以下四个方面进行稳健性检验。

一是使用农户"是否取得土地经营权证书"来识别土地确权，如果农户在 2009 年及以后已取得土地经营权证书，则赋值为 1；否则，赋值为 0。然后重新对土地转出面积进行回归。结果如表 3 – 4 列（1）所示。可以看到，替换后的核心解释变量"是否取得土地经营权证书"的估计系数依旧保持在1%水平上显著为正，意味着改变核心解释变量度量方式分组方法并不会影响研究结论的稳健性。

二是剔除较早推进整省土地确权的省份。新一轮土地确权改革普遍采取"试点先行、逐步推开"的模式，那些较早推进整省确权的省份相对于其他省份在土地产权制度、农业生产方面更具代表性，将其纳入分析可能会影响到结论的一般性。为此，我们将2014年最早进行整省确权的山东、安徽、四川3个省份的样本剔除，重新进行回归。从表3-4列（2）报告的估计结果可看出，在剔除首批整省确权的样本后，关注变量"村庄土地确权率"依旧在5%水平上正向显著，说明估计结果对样本的变化也是稳健的。

三是将数据整理成平衡面板结构。在基准回归中，我们主要采用非平衡面板进行分析，这种估计的一个潜在问题是，既有村庄或家庭被加入调查样本，又有村庄或家庭从调查样本中流失，农户的家庭组成在样本期间会发生变化。为了解决这个问题，我们进一步将样本限制在一个农户家庭的平衡面板中，这些农户在整个样本期间都存在。表3-4列（3）的回归结果显示，在调整为平衡面板样本后，尽管由于样本量大幅减少，关注变量"村庄土地确权率"系数估计值的精确度有所下降，但点估计值依然保持在5%水平上显著为正。因此，可以认为面板数据的非平衡性并未给研究结论带来很大偏差。不过，考虑到将非平衡面板数据转换成平衡面板数据时会造成样本损失并影响真实样本数据的随机性，综合考量下我们还是选择信任基于非平衡面板数据所得到的结果。

四是将被解释变量替换为"村庄转出土地农户比例"（＝村庄内转出土地农户数/农户总数）和"村庄转出土地面积比例"（＝村庄内转出土地面积/土地总面积），在村级层面上进一步考察确权与土地流转的关系。表3-4列（4）和列（5）报告的估计结果显示，确权显著促进了村庄层面的土地流转，村庄土地确权率每提高 1 个百分点，村庄转出土地农户比重将增加 10.9%，村庄转出土地面积比例将增加 9.3%，上述结果均在 5% 的显著性水平上显著。这与上文中农户层面的结果一致，说明本章研究结论在村庄层面上亦是成立的。

表 3 – 4 　　　　　　　　稳健性检验结果

解释变量	土地转出面积（1）	土地转出面积（2）	土地转出面积（3）	村庄转出土地农户比例（4）	村庄转出土地面积比例（5）
是否取得土地经营权证书	0.050 *** (0.019)				
村庄土地确权率		0.197 ** (0.085)	0.191 ** (0.089)	0.113 ** (0.046)	0.093 ** (0.039)
家庭特征变量	是	是	是	是	是
村庄固定效应	是	是	是	是	是
年份固定效应	是	是	是	是	是
城市×年份固定效应	是	是	是	是	是
R^2	0.218	0.217	0.231	0.890	0.889
观测值	14914	12864	8906	816	832

注：圆括号内为聚类到村的稳健标准误，** 、*** 分别表示 5% 和 1% 的显著性水平。

四、影响机制检验

理论分析表明，新一轮确权之所以能够促进土地流转，是因为通过"确实权、颁铁证"，增强了农户土地产权的安全性。因此，相较于那些在政策实施前已经具有较高地权安全性的农户，确权将更有可能促进那些在政策实施前地权安全性较差的农户参与土地流转。此时待验证的机制转化为：如果新一轮土地确权可以通过增强农户土地产权安全性促进土地流转，那么对于土地产权越不稳定、安全性越差的农户，确权颁证促进土地流转的效果应该越明显。就中国农村社会现实而言，村集体对土地的不定期调整和政府对土地的强制征用是影响农户土地产权安全性的两个重要因素。囿于数据的可得性，参照耿鹏鹏和罗必良（2022）的研究，我们主要以土地征用来度量地权安全性。农民因土地征用而失去土地的风险被认为是构成我国农民土地产权不确定的三大原因之一（罗依·普罗斯特曼，1994）。因此理论上，那些土地被征收过的农户拥有更低的地权安全性，即土地征用经历与农户土地产权安全性负向相关。表 3 - 5 列（1）报告了以土地征用经历衡量地权安全性的影响机制检验结果。为了使不同回归系数之间具有可比性，我们采用虚拟变量交互项的方式进行分组回归。① 具体做法是，考虑分别对土地被征用过的农户和土地未被征用过的农户赋值 1，对其他农户赋值 0，这样两类农户所对应的土地征用经历虚拟变量向量为（1，0）和（0，1），然后使用全样本数据进行回归。结果显示，两个交互项的估计系数均在 5% 水平上显著为正，但是相较于土地未被征用过的农户，土地被征用过的农户具有更大的系数估计值，证实了确权对土地被征用过的农户参与土地流转具有更大的促进作用。这支持了前文提出的机制，即事前的土地产权安全性越差，确权所带来的土地流转促进效应也越大，意味着确权带来的农户土地产权安全性增强确实是其促进土地流转的一个重要原因。

确权提高土地产权安全性另一方面体现在延长土地转出期限上（杨广亮和王军辉，2022）。表 3 - 5 列（2）的回归结果显示，确权在 10% 的水平上对农户的土地转出期限产生了显著正影响，表明确权促进了土地转出期限的长期化，进一步证实了确权带来的地权安全性增强还有利于农户形成稳定的交易预期，减少土地流转过程中的不确定性风险，从而更敢于长期转出土地。

_____

① 通常可采取两种方法来进行样本的分层检验：一是划分子样本法，即直接将总样本划分成不同样本组，分别进行回归后，比较每个子样本对应的系数是否存在差异，但这会有丢失观测值的风险；二是虚拟变量交互项法，即使用虚拟变量区分不同群体，通过在总样本中引入虚拟变量与所关注变量的交互项，来检验两组样本之间是否存在组间差异（史常亮等，2020）。

表 3 - 5　　　　　　　　　　机制分析：确权与土地产权安全性

解释变量	土地转出面积 （1）	ln（1 + 土地转出期限） （2）
村庄土地确权率×土地未被征用过	0. 198 ** （0. 082）	
村庄土地确权率×土地被征用过	0. 255 ** （0. 121）	
村庄土地确权率		0. 892 * （0. 506）
家庭特征变量	是	是
村庄固定效应	是	是
年份固定效应	是	是
城市×年份固定效应	是	是
R^2	0. 216	0. 581
观测值	14849	999

注：①"土地是否被征用过"根据 CHFS 问卷中受访户对问题"2000 年至今，您家的土地曾经被征收过几次？"的回答而来，0 次视为未被征用过，超过 1 次则视为被征用过；②圆括号内为聚类到村的稳健标准误。＊、＊＊分别表示 10% 和 5% 的显著性水平。

五、确权对土地转出的长期影响

　　土地确权的政策效应可能存在时间滞后性。一方面，由于以往政府试图稳定地权的努力并不能完全阻止村庄内部的土地调整，因此农户需要时间来了解并对此次确权政策产生信任（程令国等，2016）；另一方面，土地确权的正式制度必须与村庄内部的习俗、惯例等非正式制度相洽，才能真正有效发挥作用，而这也需要一定的过程（李虹韦和钟涨宝，2020）。因此理论上，村庄开展确权的时间越早，农户对土地产权稳定性的信心越高，确权对土地流转的推动作用相应越大。我们根据 2015 年 CHFS 调查问卷中关于每个农户取得土地经营权证书时间的平均值，推算出村庄开展确权的具体时间；然后用调查年份减去确权年份，得到每个村庄的确权时长。在此基础上，建立如下回归模型，检验确权在短期和长期对农户土地流转影响的差异：

$$Rent_{hvct} = \alpha + \beta_1 ShortCert_{vt} + \beta_2 LongCert_{vt} + \lambda X_{hvct} + \delta_v$$

$$+ \gamma_t + \varphi_{ct} + \varepsilon_{hvct} \qquad (3-10)$$

其中，$ShortCert_{vt}$ 和 $LongCert_{vt}$ 分别代表确权的短期效应和长期效应，皆为虚拟变量（参照组为未确权村庄）。与德杨弗利等（De Janvry et al.，2015）一致，我们以 1 年作为区分短期和长期的时间窗。表 3 - 6 列（1）报告了针对式（3 - 10）的回归结果。可以看到，对于确权时间不足 1 年的村庄，确权对土地流转的边际系数为 0.098，在 1% 的水平上显著；而对于确权时间超过 1 年的村庄，确权对土地流转的边际系数上升为 0.146，并在 5% 的水平上显著。这说明，土地确权在长期更能促进农户土地流转。为了能更清晰地刻画土地确权效应的时间异质性，借鉴高叙文（2021）的做法，我们对已确权时间进行了更细致的划分，回归结果如表 3 - 6 列（2）所示。随着已确权时间的延长，确权对土地流转的促进作用在保持显著性的同时渐趋于增大，至确权后第 5 年时影响达到最大。这一方面暗示我们，确权促进土地流转的效应具有逐步释放的特征，其效果需要长期评估和检验；另一方面也表明，新一轮土地确权的政策效果在长期可以得到更加充分的展现，其对土地流转的促进作用随时间推移而不断增大。

表 3 - 6　　　　确权对土地转出影响的时期差异估计结果

解释变量	土地转出面积 （1）	土地转出面积 （2）
确权不足 1 年	0.098 *** (0.033)	
确权 1 年及以上	0.146 ** (0.060)	

续表

解释变量	土地转出面积 （1）	土地转出面积 （2）
确权当年		0.129 *** （0.043）
确权后第 1 年		0.176 *** （0.060）
确权后第 2 年		0.212 ** （0.084）
确权后第 3 年		0.223 ** （0.088）
确权后第 4 年		0.270 ** （0.011）
确权后第 5 年及以上		0.309 *** （0.115）
家庭特征变量	是	是
村庄固定效应	是	是
年份固定效应	是	是
城市×年份固定效应	是	是
R^2	0.233	0.233
观测值	11892	11892

注：①确权当年指确权时间等于调查时间的虚拟变量，确权后第 n（n = 1，2，3，4）年指确权时间距调查时间等于 n 年的虚拟变量，确权后第 5 年及以上为确权时间距调查时间大于等于 5 年的虚拟变量；②圆括号内为聚类到村的稳健标准误；③ ** 、*** 分别表示 5% 和 1% 的显著性水平。

第五节 进一步分析

一、确权对土地资源再配置的影响

土地是农业生产的核心资源，在有效的市场机制下，土地应该由低生产能力农户向高生产能力农户流转（王璐等，2020）。前面的研究已然证实新一轮土地确权改革提高了农村土地流转市场的活跃度，农户土地转出面积显著增加。现在，可以考察此次确权是否导致了土地在不同生产能力农户之间的重新分配，从而提高了土地资源配置效率。我们首先使用 Cobb - Douglas 函数计算出家户层面的农业全要素生产率作为其农业生产能力的度量。生产函数的具体形式如下：

$$\ln Y_{vht} = \kappa_1 \ln L_{vht} + \kappa_2 \ln M_{vht} + \kappa_3 \ln S_{vht} + \sigma_h + \rho_t + \theta_{vt} + \omega_{vht} \quad (3-11)$$

其中，Y_{vht} 为村庄 v 中农户 h 在第 t 年的农业总产出；L_{vht} 为劳动投入，用从事农业生产经营的劳动力人数表示，包括家庭用工和雇工；M_{vht} 为所有其他费用，用除雇工成本外的其他农业生产经营成本表示；S_{vht} 为土地投入，用家庭实际经营耕地面积表示；σ_h 和 ρ_t 分别为农户固定效应和时间固定效应，以捕捉农户的固定能力；θ_{vt} 为农户所在村庄与年份的交互固定效应，以缓解村庄层面随时间变化的因素带来的内生性问题，比如土地质量①、气候、降雨、地区政策变化等；TFP 的对数由残差项 ω_{vht} 给出。

表 3 - 7 报告了基于式（3 - 11）的生产函数参数估计结果。可以发现，劳动、其他费用和土地三类投入要素均对农业总产出有显著正向影响，其产出弹性分别为 0. 129、0. 235 和 0. 109。其中，其他费用对于产出的弹性远大于土地和劳动，这是因为其既包括了种子、化肥、农药等中间投入，也包括了资本购置支出。这与朱喜等（2011）、王璐等（2020）的估计结果相一致。各投入要素的产出弹性之和 0. 473，在 1% 的显著性水平上拒绝了"生产函数为规模报酬不变"的原假设，说明平均而言中国农户农业生产的规模报酬递减。这一结论也与现有大多数研究相符（李谷成等，2010；盖庆恩等，2017；Chari et al.，2020）。

---

① 值得说明的是，这只能缓解不同地区土地质量差异带来的内生性，但无法解决村庄内部的土地质量差异问题（王璐等，2020）。

表 3－7   农户生产函数估计结果

项目	劳动	其他费用	土地
产出弹性	0. 129 *** (0. 061)	0. 235 *** (0. 046)	0. 109 ** (0. 053)

注：①规模报酬不变检验：F 统计量为 36. 81；②圆括号内为聚类到村的稳健标准误；③ ** 、
*** 分别表示 5% 和 1% 的显著性水平。

在估计得到农户农业 TFP 的基础上，我们根据 TFP 从大到小对全体样
本进行四分位数分组，并将 TFP 处于第一分位数的农户设置为低生产能力
组，TFP 处于第二和第三分位数的农户设置为中等生产能力组，TFP 处于
第四分位数的农户设置为高生产能力组。然后借鉴查里等（Chari et al.，
2021）、高等（Gao et al.，2021）的做法，使用以下模型检验确权对土地
资源再配置的影响：

$$Rent_{hvct} = \alpha + \sum_{j=1}^{4} \beta_j \psi_{hvct}^j + \sum_{j=1}^{4} \delta_j (Cert_{vt} \times \psi_{hvct}^j) + \delta_v + \gamma_t + \varphi_{ct} + \varepsilon_{hvct}$$

$$(3-12)$$

其中，ψ_{hvct}^j 表示农户 h 在第 t 年的 TFP 是否处于 TFP 分布的第 j 个四分位数
处；交互项系数 δ_j 反映了确权对不同生产能力农户的土地流转规模的异质
性影响，我们预期 δ_j 在低分位数处显著为正，而在高分位数处显著为负
（或不显著），即预示着新一轮土地确权改革会促使农业生产能力低的农户
转出土地。显然，这将有助于促使土地从农业生产能力低的农户向农业生
产能力高的经营主体转移，从而优化土地资源配置。

表 3－8 报告了关于式（3－12）的回归结果。在列（1）以土地转出
面积为被解释变量的回归中，结果显示确权显著增加了中、低生产能力农
户的土地转出数量，尤其是对于低生产能力农户而言，这种促进作用最为
明显，估计影响约为 0. 199；而对于高生产能力农户，其土地转出数量在
确权后并没有统计学意义上的显著增加，说明确权主要促使农业生产能力
低的农户转出了更多的土地。在列（2）以土地转入面积为被解释变量的

回归中[1]，结果正好相反：确权显著增加了高生产能力农户的土地转入数量，估计影响约为0.532；而对于中等生产能力农户的土地转入数量则表现出较强的抑制作用，估计影响分别为 - 0.234 和 - 0.371，说明确权后农业生产能力高的农户更倾向于转入土地。这验证了我们的理论模型，即新一轮土地确权改革导致土地重新分配，促使土地由低生产能力农户流向高生产能力农户，从而有助于实现土地资源的优化再配置。

表3 - 8 列（3）将被解释变量替换为"是否新进入农业生产[2]"，考察确权对不同生产能力农户的农业生产决策的异质性影响。回归结果显示，土地确权使得高生产能力农户在本期从事农业生产的概率显著增加，估计影响约为0.1220；而对于生产能力较低的农户，这种影响并不存在，说明土地确权后，生产能力较高的农户更有可能从事农业生产。这意味着，确权还加剧了农业部门不同生产能力农户的进入退出，有助于促使更多具有较强农业生产能力的经营主体进入到农业农村从事农业生产，从而进一步优化土地资源的配置。

表3 - 8　　　　　　　确权对土地资源再配置影响的估计结果

解释变量	土地转出面积 （1）	土地转入面积 （2）	是否新进入农业生产 （3）
村庄土地确权率 × Quartile 1	0.199 ** （0.082）	- 0.155 （0.130）	0.055 （0.038）
村庄土地确权率 × Quartile 2	0.187 ** （0.089）	- 0.371 *** （0.139）	0.060 （0.048）
村庄土地确权率 × Quartile 3	0.148 * （0.086）	- 0.234 * （0.133）	0.112 ** （0.048）
村庄土地确权率 × Quartile 4	0.103 （0.079）	0.532 *** （0.162）	（Omitted）

①　由于土地转入变量存在一定的噪声（程令国等，2016），其分析结果只作为参考。

②　具体方法是，将2013年未从事农业生产而2015年从事农业生产的农户定义为新进入农户，赋值为1；而将样本期内一直从事农业生产的农户作为参照组，赋值为0。

解释变量	土地转出面积 （1）	土地转入面积 （2）	是否新进入农业生产 （3）
家庭特征变量	是	是	是
村庄固定效应	是	是	是
年份固定效应	是	是	
城市×年份固定效应	是	是	
R^2	0.203	0.235	0.246
观测值	11466	11466	4276

注：①土地转出面积、土地转入面积均为 IHS 函数形式；②Quartile 1 ~ Quartile 4 代表农户 TFP 分布的第一至第四分位数；③Omitted 表示在这组样本回归中由于该变量导致多重共线性（Collinearity），Stata 软件自动将其省略；④圆括号内为聚类到村的稳健标准误；⑤ * 、 ** 、 *** 分别表示10% 、5% 和1% 的显著性水平。

二、确权对土地规模化经营的影响

在已证明新一轮土地确权改革导致了土地在不同生产能力农户之间的重新分配之后，我们试图探索该项改革能否促进土地集中，从而有助于实现土地的规模化经营。我们从两个方面回答这一问题：一是检验确权对土地流转交易范围的影响，分析确权能否促使农户将土地更多地流转给村外的承租主体。长期以来，中国农村土地流转市场的"本村化"特征十分明显。根据《中国农村政策与改革统计年报》数据，截至 2021 年，农户家庭承包耕地流转总面积中，出租给本乡镇以外人口或单位的面积只有12.3%。另据 CHFS 调查数据，2015 年，将土地流转给村外承租主体的农户仅占到所有转出土地农户总数的 17.7%。土地在这种具有明显封闭性、"条条块块"的市场中配置很可能导致土地流转的"小农复制"，既不利于土地资源的优化配置，也难以形成土地的规模化经营（匡远配和陆钰凤，2018；郑阳阳和王丽明，2020）。而相反，土地的跨村流转则可以通过促进土地流转市场价格趋同和在更大范围内发挥边际产出拉平效应，来促进土地规模化经营（王震和辛贤，2022）。二是检验确权对土地流转交易对象的影响，分析确权是否会促使农户将土地更多地流转给专业大户、家庭农场、合作社、企业等新型农业经营主体。新型农业经营主体是放活农村土地经营权的重要组织载体，也是发展多种形式适度规模经营的主导力量（赵鲲和刘磊，2016）。土地确权将土地流转的行为制度化，其结果是把土地在小农户与新型农业经营主体之间隐形交换的行为显性化、合法化（王朝明和徐成波，2013），从而为新型农业经营主体进入农业生产创造条件，为实现农业规模化经营提供可能性。

表 3-9 在村庄层面上检验了确权与土地规模化经营的关系。由于CHFS 只有 2015 年的数据采集了土地流转交易范围和交易对象的相关信息，因此本部分的回归分析只限于 2015 年的样本。另外，考虑到被解释变量来自村庄层面，将控制变量替换为村庄层面的特征变量，包括村庄总人口、村庄老年人（65 岁及以上）比例、村庄学龄前儿童（6 岁以下）比例、村庄人均耕地面积（取自然对数）、村庄中签订正规劳动合同人口比例和村庄中未缴纳社会养老保险人口比例。以上变量均通过农户层面的数据加总获得。估计结果显示，在分别以"村外土地流转比例"和"村庄规模化土地流转比例"作为被解释变量的回归中，关注变量"村庄土地确权率"均至少在 10% 水平上显著为正，说明土地确权不仅扩展了土地流转的交易范围，而且拓展了土地流转的交易对象，使得流转给村外和新型农业经营主体的土地增加，促使土地向少部分农业生产能手集中，从而推动了土地规模化经营。

表 3-9　　　确权对土地规模化经营影响的估计结果（村庄层面）

解释变量	村外土地流转比例 （1）	村庄规模化土地流转比例 （2）
村庄土地确权率	0.065 ** （0.025）	0.043 * （0.022）

续表

解释变量	村外土地流转比例 （1）	村庄规模化土地流转比例 （2）
村庄特征变量	是	是
城市固定效应	是	是
R^2	0.367	0.387
观测值	563	563

注：①村外土地流转比例指土地转出给村外流转对象的农户数占村庄农户总数的比例；②村庄规模化土地流转比例指土地转出给规模经营主体的农户数占村庄农户总数的比例，其中，规模经营主体包括专业大户、家庭农场、农业合作社、村集体、公司或企业、中介机构等；③圆括号内为聚类到村的稳健标准误；④*、**分别表示10%和5%的显著性水平。

第六节 本章小结

"确权是基础，流转是目的。"通过赋予农民稳定的土地产权以推动土地顺畅流转，一直是政策努力的重点。然而，比起土地是否流转，土地流转给谁更应该引起关注。本章使用2013年与2015年中国家庭金融调查（CHFS）的混合截面数据，结合新一轮的土地确权登记颁证改革，检验土地确权对农村土地流转、土地资源再配置和土地规模化经营的影响。研究发现以下五点结论。

第一，土地确权显著促进了农户土地流转尤其是土地转出，给定其他条件相同，村庄土地确权率每提高1个百分点，农户平均转出土地面积将增加约20.3%，参与土地转出的可能性将上升7.7%。这一结论在考虑了内生性并经过一系列稳健性测试后依然成立。

第二，机制检验揭示，土地确权促进土地流转的主要原因是通过颁证增强了农户对土地产权安全性的信心，强化了农户的土地流转预期。

第三，土地确权对土地流转的促进效应在当期即可显现，此后随着已确权时间的延长，这一促进作用渐趋于增大，并长期呈现出稳定的正效应。

第四，土地确权通过促使土地由低生产能力农户流向高生产能力农户和不同生产能力农户进入退出农业生产，促进了土地资源的重新优化配置。

第五，土地确权还促进了土地跨村流转，扩大了土地流转交易范围。同时，土地确权促使土地向专业大户、家庭农场、合作社、农业企业等新型农业经营主体集中，为土地规模化经营创造了条件。

第四章

土地确权与劳动力非农转移①

---

① 本章内容部分发表在《资源科学》2022年第4期。

第一节 引言

　　土地确权不仅对土地要素市场发展至关重要，对劳动力要素市场也具有深远影响。一直以来，农村劳动力向非农部门的转移就业被认为是"中国奇迹"得以延续的重要保证（伍山林，2016）。而对劳动力转移的限制，则不仅会造成个体经济效应的福利损失，而且会带来资源错配，降低社会总生产率（袁志刚和解栋栋，2011）。一般认为，阻碍中国农村劳动力转移的主要障碍在于城乡分割的二元户籍制度。但事实上，除了户籍制度的"进入门槛"障碍外，现行农村土地制度也为劳动力的自由迁移设置了一种"退出束缚"（张良悦和刘东，2008）。尤其是土地产权的残缺和不稳定，使得外出劳动力承受较大的失地或换地风险，制约了劳动力职业选择，被认为是导致中国农民"离土不离乡""半截子城市化"的重要原因（刘晓宇和张林秀，2008；Rupelle et al.，2009；Mullan et al.，2011；Adamopoulos et al.，2022）。

　　为保障农户的土地权益，增强农户对土地产权的安全感和信心，过去几十年里，中国政府一直试图通过对土地的确权登记颁证来固化稳定土地承包关系。其中，三次重要的变革及其制度安排尤为重要。第一次始于1989年国家土地管理局颁布的《土地登记规则》，要求"国有土地使用者、集体土地所有者、集体土地建设用地使用者和他项权利拥有者，必须依照本规则规定，申请土地登记"。第二次始于1997年中共中央办公厅、国务院办公厅联合发布的《关于进一步稳定和完善农村土地承包关系的通知》，提出"延长土地承包期后，乡（镇）人民政府农业承包合同主管部门要及时向农户颁发由县或县级以上人民政府统一印制的土地承包经营权证书"。第三次即是以 2011 年《关于开展农村土地承包经营权登记试点工作的意见》的出台为标志的新一轮土地确权改革，首次提出在土地实测的基础上对农户承包地进行确权登记颁证，"把承包地块、面积、合同、权属证书全面落实到户"。

土地确权作为继家庭联产承包责任制实施以来，为适应农村土地市场资源要素的规范化流动需求，由国家层面开展的以土地产权清晰化处置为主要目的实质性措施，也成为当时解决农村人地矛盾和发展问题的重要手段（毕国华等，2018）。理论上，通过颁发具有法律效力的土地承包经营权证书，确权有助于提升农户的土地产权强度，外出劳动力不用再担心因迁移而失去土地，从而可以更加放心地外出就业。对越南（Do and Iyer，2008）、俄罗斯（Chernina et al.，2014）、墨西哥（Valsecchi，2014；De Janvry et al.，2015）、埃塞俄比亚（Houngbedji，2015）以及中国（Deininger et al.，2014；韩家彬等，2019；李江一，2020）的相关经验研究均表明，土地确权显著促进了农村劳动力向非农部门转移。然而，也有一些研究发现，土地确权对农村劳动力非农转移并无显著影响（罗必良和张露，2020；Li et al.，2021），甚至反而会激励农户劳动力从事农业生产，而减少对非农劳动的参与（张莉等，2018；洪炜杰和胡新艳，2019；罗美娟和申小亮，2021；胡骞文等，2022）。

已有研究为我们提供了重要理论线索，但也存在着以下不足：一是已有相关文献大多从农户层面展开分析，而缺乏对中国农村土地确权政策效果的宏观把握，并且由于这类研究使用的基本上都是一次调查的横截面数据，导致土地确权的作用效果可能无法得到充分展现。二是已有研究在考察土地确权对劳动力非农转移的影响时，往往忽略了土地流转市场因素对二者之间关系可能产生的调节作用。正如卡特和姚洋（2004）指出的，不能抛开转让权而孤立地讨论地权安全性的影响。地权安全性的提高如何影响农村劳动力非农转移还取决于当地土地流转市场的发达程度。穆兰等（Mullan et al.，2011）发现，当土地流转不受限制时，更大的地权安全性保障往往会增加林地和农业用地上的移民；而当土地流转受到限制时，则会减少移民。类似地，马等（Ma et al.，2016）利用在中国西北民乐县收集的数据检验发现，在土地流转市场不发达的村庄，农户的地权安全性感知在其家庭迁移决策中发挥了重要作用，但在土地租赁市场比较发达的村庄则不然。这意味着，土地流转市场的发展会改变地权安全性与劳动力非农转移之间的线性关系。德杨弗利等（De Janvry et al.，2015）对墨西哥20世纪90年代土地确权颁证改革的研究发现，土地确权在促进农村劳动力大规模向外迁移的同时，由于土地租赁等市场的存在，总耕种面积并未减少，实际上也说明了土地流转市场的存在能够弱化所谓的"生产率效应"对劳动力转移的负面影响——因为农户总可以通过土地流转市场选择将土地租出而不是非要自己耕种不可。

那么，当考虑来自土地流转市场发展水平的调节作用后，土地确权将会如何影响中国农村劳动力非农转移呢？本章将以2005～2019年中国30个省、自治区、直辖市（不含西藏、港澳台）的面板数据为分析样本，从宏观层面对此进行检验。可能的边际贡献体现在：一是构建一个集成的农户理论模型，分析确权对农户劳动力配置的影响。此框架不仅包括了产权稳定的劳动力配置效应，也考虑了产权稳定对土地投资的激励效应。二是基于省级面板数据，对土地确权与劳动力非农转移之间的关系进行再检验，更有利于从长期、全局中分析问题，弥补已有研究对土地确权政策效果宏观把握不足的缺陷。三是运用非线性面板门槛模型，检验土地流转市场因素对土地确权与劳动力非农转移影响关系的调节作用，为地权安全性增强如何影响劳动力非农转移的研究争议提供了新的解释视角。

第二节　理论模型与假说

一、土地确权与农户劳动力配置

借鉴穆兰等（Mullan et al.，2011）的基本模型，考虑一个代表性农户，其通过在农业经营和非农就业之间分配劳动力禀赋以实现劳动收入的最大化。为简化起见，我们将总的劳动力禀赋标准化为 1，并假定非农就业活动只能通过外出务工来实现。假设劳动力在向外转移时需要支付固定的转移成本 F，令 w 表示每单位外出务工劳动力可获得的工资，则劳动力非农转移面临的约束为 $wl - F \geq 0$，其中 l 为劳动力非农转移数量。另外考虑到在中国农村，虽然在农忙时节存在家户之间互帮互助的行为，但是健全的农业劳动力市场是缺失的（LaFave and Thomas，2016），为了模型的简洁性，假设不存在本地农业劳动力市场。设定农户的农业生产函数为 $f(1 - l, b)$，其中，$1 - l$ 为该农户从事农业生产的劳动力数量，b 为该农户耕种的土地面积。[①] 设 B 为农户拥有的土地禀赋，在基准分析时假设不存在土地流转市场，土地被视为固定且不可转让，即 $b = B$。

由于土地稀缺和土地权利的不完整，劳动力非农转移导致的家庭规模减小使得农户面临土地被村庄收回或者他人非法侵占的风险（Deininger et al.，2006；Ma et al.，2016），假定该风险随劳动力非农转移数量线性增加。进一步地，参照穆兰等（Mullan et al.，2011）、贝斯利（Besley，1995）的设定，我们将农户因劳动力非农转移所面临的失去土地的概率表

---

① 资本由于一般附着于土地上，为了简化模型予以忽略。我们很一般化地假定生产函数 $f(\cdot)$ 满足：$f_1 > 0$，$f_2 > 0$；$f_{11} < 0$，$f_{22} < 0$；$f_{12} = f_{21} > 0$；$f_{11}f_{22} - f_{12}^2 > 0$。

示为土地产权强度 s 的函数 $h(s) \in [0,1]$，其中 s 的大小与当地土地确权程度正相关，并且 s 越大，失去土地的概率越小，即 $h(s)$ 关于 s 的一阶导 $h'(s)$ 小于 0。那么，当农户家庭有 l 数量的劳动力向外转移时，其失去土地的概率就是 $lh(s) \in [0,1]$。将农产品价格标准化为 1，则该代表性农户所面临的最优化问题可以写为：

$$\max_{l,b} wl + f(1-l,b) \tag{4-1}$$

$$\text{s.t.} \quad b \leq B[1 - lh(s)] \tag{4-2}$$

$$wl - F \geq 0 \tag{4-3}$$

由于不存在土地流转市场，农户将所有土地都用于自己耕种，因此约束条件为式（4-2）的等号成立。首先，我们求解劳动力非农转移面临的约束式松弛时，如式（4-3）模型的均衡解，由式（4-1）、式（4-2）、式（4-3）可推得 l^* 满足一阶条件：

$$w - f_1[1-l^*, B(1-l^*h(s))] - f_2[1-l^*, B(1-l^*h(s))]Bh(s) = 0 \tag{4-4}$$

式（4-4）表明，农户对劳动力的配置同时取决于城市部门的工资率和土地产权强度。而不稳定的土地产权就如同对农户征收"随机税"，将影响其劳动力非农转移的积极性。为了揭示土地产权强度变化如何影响农户劳动力非农转移，我们将式（4-4）两边同时对 s 求偏导数，得到：

$$\frac{dl^*}{ds} = \frac{-Bh'(s)(f_{12}l - f_2 + f_{22}Blh(s))}{f_{11} + Bh(s)(f_{22}Bh(s) + f_{12} + f_{21})} \tag{4-5}$$

式（4-5）中，分子的第一项和分母的后两项为正，表明 s 的增加对劳动力非农转移数量 l^* 有促进作用；而其他项为负，表示 s 的增加会减少劳动力非农转移数量 l^*。因此综合来看，确权带来的土地产权安全性提高会对农户劳动力非农转移产生正负两方面的影响：一方面，土地确权有助于规避农村劳动力非农转移后的失地风险，使其不再需要通过"占有耕种"的方式来保护自家土地不受侵犯，由此释放出更多的劳动力向非农部门转移，这可以称为"失地风险降低效应"；另一方面，土地确权后，土地产权安全性的增强使得农户对持有土地的长期前景更有把握，这会激励农户在土地上进行更多的投资，并投入更多的农业生产劳动，从而减少对非农就业活动的参与，这可以称为"土地投资激励效应"。土地确权对劳动力非农转移的最终影响取决于上述两种效应的净效应。鉴于这两种效应的相对大小尚不清楚，土地确权如何影响劳动力非农转移同样是不确定的。据此，提出待检验假说1：

假说1：土地确权通过失地风险降低效应促进劳动力非农转移，通过土地投资激励效应抑制劳动力非农转移；土地确权对劳动力非农转移的净影响取决于上述两种效应的相对大小。

二、土地流转市场的调节机制

"确权是基础"，但是脱离土地流转市场的确权本身对劳动力非农转移的影响将会受到制约（陈媛媛和傅伟，2017）。理论而言，土地流转市场的发展可以在以下两种途径中发挥调节作用。第一，成熟的土地市场发育能够促进土地的高效顺畅流转，有助于强化失地风险降低效应对劳动力非农转移的积极作用。在土地流转市场不发达的村庄，即使确权农户也较难顺利将土地转租出去，这大大降低了土地的财产属性和变现能力，使其无法获得外出务工所需的"门槛资金"，进而抑制劳动力非农转移；同时，土地不能自由流转还导致转移农户的土地投资成本得不到补偿，并且无法通过出租土地变现未来的农业收益，抬高了劳动力非农转移的机会成本（谢冬水，2014）。相反，在土地流转市场发达的村庄，土地确权后不仅农户流转出的土地易于找到承租方，为劳动力非农转移减少阻碍，而且转移农户选择放弃农业生产的经济损失也能够以地租形式得到补偿，有助于降低劳动力非农转移的机会成本（Ren et al.，2020）。此外，出租土地所获得的租金收入也可以为劳动力外出务工提供"启动基金"支持（Gray，

2009)，从而促进非农转移。第二，土地流转市场的发展能减轻农户对于未来非农就业会冲击土地投资的担忧，将弱化土地投资激励效应对劳动力非农转移的负面影响。因为如果土地市场是完备的，则农户可以通过土地流转的方式对过去进行的土地投资进行补偿。此时，土地的边际产出将始终等于土地租金率，而劳动力的边际产出将与非农工资率相等，从而转移农户可以通过转出土地以平衡土地—劳动力比率，导致劳动力非农转移率提高（Mullan et al.，2011；Carter 和姚洋，2004）。综合上述分析，我们进一步提出以下可供检验的假说：

假说2：土地确权对劳动力非农转移的影响受到土地流转市场发展水平的调节，在土地流转市场相对发达的地区，确权对劳动力非农转移的促进作用会更大。

 第三节 **数据、变量与估计策略**

一、数据来源

本章使用2005～2019年中国30个省、自治区、直辖市（因数据缺失未包含西藏、港澳台地区）的平衡面板数据展开实证研究，这一方面是受数据可得性的限制，另一方面则是因为2005年后中国农村劳动力转移进入"刘易斯拐点"区间（谢玲红和吕开宇，2020），同时农村土地确权工作终于提到贯彻日程上来（黄季焜和冀县卿，2012），土地流转进入规范发展的阶段（陈媛媛和傅伟，2017），对这一时期数据的分析更具有代表性。①

---

① 另外考虑到2020年后的各项经济数据受疫情影响较大，为避免异常值对估计结果造成干扰，保证分析结果的科学性与时效性，未采用疫情后的数据。

基础数据主要来自历年《全国农村经济情况统计资料》《中国农村经营管理统计年报》《中国农村政策与改革统计年报》《中国人口和就业统计年鉴》和《中国统计年鉴》。其中，颁发土地承包经营权证份数、家庭承包经营农户数、家庭承包经营耕地面积 2018 年数据缺失，我们采取插值法用前后两年数据的平均值补齐。

二、变量选择

（一）被解释变量

本章的被解释变量为劳动力非农转移，用外出务工劳动力占农村劳动力总数的比重表示。其中，外出务工劳动力指年度内离开本乡镇到外地从业时间累计达 3 个月以上的农村劳动力。[①] 农村劳动力指年龄在 16 周岁以上具有劳动能力的整劳动力、半劳动力；虽然在劳动年龄之内，但已经丧失劳动能力的人，不算为劳动力；超过劳动年龄，但能经常参加劳动，计入半劳动力数内。

（二）核心解释变量

本章的核心解释变量为土地确权。在当前中国农村，土地确权的书面文件主要是土地承包合同和土地承包经营权证书，经验研究中也主要从颁发土地承包经营权证书和发放土地承包合同两个层面对土地确权状况进行

[①]　关于外出务工劳动力的统计口径有两个：一个是国家统计局的统计口径（简称"统计局口径"），外出务工劳动力被定义为"调查年度内，在户籍所在乡镇地域外从业 6 个月及以上的农村劳动力"，国家统计局历年公布的《全国农民工监测调查报告》采用的即是该统计口径；另一个是原农业部的统计口径（简称"农业部口径"），外出务工劳动力被定义为"调查年度内，在本乡镇地域外从业 3 个月及以上的农村劳动力"，本章所使用数据《中国农村经营管理统计年报》采用的即是该统计口径。本章采用农业部口径对外出务工劳动力进行界定，而将外出务工时间超过 6 个月的劳动力定义为常年外出务工劳动力。

测度（林文声等，2016）。考虑到土地承包合同是建立在村集体与农户之间的契约关系，而土地承包经营权证书则由政府颁发，是一种国家意志的体现，以及后者的产权保障程度要强于前者（陈江龙等，2003），本章选取土地承包经营权证书颁发数作为省级层面土地确权状况的衡量指标。由于土地承包经营权证书通常以户为单位发放，为剔除规模差异，我们对各省土地承包经营权证书颁发数进行户均处理，计算得到平均每户土地承包经营权证书颁发率（以下简称"土地确权率"）。

（三）门槛变量

本章将土地流转市场发展水平作为门槛变量，探究土地确权在不同门槛区间内对劳动力非农转移的影响。对于土地流转市场发育状况，我们可以从农户参与率，土地流转的规模、价格、期限以及合约形式等多个层面进行观察和度量。考虑到土地流转本质上是土地要素的再配置，而土地流转的速度和数量是土地流转市场运行的基础，也是衡量一个地区土地流转市场是否发达的最为直观的指标。为此，沿用史常亮等（2020）的做法，选用"土地流转率"来刻画各地的土地流转市场发展水平，其指标含义是家庭承包耕地流转面积与家庭承包经营耕地面积之比。其中，家庭承包耕地流转面积指以家庭承包方式承包土地的农户，按照依法、自愿、有偿的原则通过转包、转让、互换、出租、股份合作等方式，将其家庭承包经营的耕地流转给其他经营者的面积之和。

（四）控制变量

为降低遗漏变量偏误，根据"推—拉"理论并结合已有研究成果（郑适等，2016；赵德昭，2018），本章还控制了其他一些可能对农村劳动力非农转移产生影响的变量。包括：一是农村人力资本，用农村人口平均受教育年限表示，等于各阶段文化程度人口比重与该阶段教育年限的加权求和，其中不识字或识字很少、小学、初中、高中（中专）、大专及以上文化程度对应折算的教育年限依次为 1 年、6 年、9 年、12 年和 16 年；二是户均承包地面积，用平均每个家庭承包经营农户实际承包经营的耕地面积的对数表示，考虑到土地规模与劳动力非农转移之间可能存在非线性关系，同时纳入其平方项；三是农业机械化，用农业机械化总动力与农作物总播种面积比值的对数表示；四是城乡收入差距，用剔除价格因素的城镇居民人均可支配收入与农村居民人均可支配收入的比值反映；五是非农产业比重，指第二、第三产业增加值占地区生产总值比重；六是城镇失业率，以城镇登记失业率衡量。表 4 - 1 报告了本章所使用变量的基本描述性统计信息。

表 4 - 1　　　　　　　　　变量描述性统计

变量名称	变量定义或测量	均值	标准差
劳动力非农转移	外出务工劳动力数/农村劳动力数	0.362	0.103
土地确权率	颁发土地承包经营权证份数/家庭承包经营农户数	0.891	0.108
土地流转率	家庭承包耕地流转面积/家庭承包经营耕地面积	0.227	0.175
农村人力资本	农村人口平均受教育年限（年）	7.654	0.650
户均承包地面积	家庭承包经营耕地面积/家庭承包经营农户数的对数	7.469	6.052
农业机械化	农业机械总动力/农作物总播种面积的对数	5.944	2.535
城乡收入差距	城镇居民人均可支配收入/农村居民人均可支配收入	2.892	0.532
非农产业比重	（第二产业增加值＋第三产业增加值）/地区生产总值	0.893	0.062
城镇失业率	城镇登记失业率（%）	3.455	0.674
常年外出转移	常年外出务工劳动力数/农村劳动力数	0.077	0.034
季节性外出转移	季节性外出务工劳动力数/农村劳动力数	0.285	0.092
乡外县内转移	乡外县内务工劳动力数/农村劳动力数	0.101	0.038
县外省内转移	县外省内务工劳动力数/农村劳动力数	0.087	0.031
省外转移	省外务工劳动力数/农村劳动力数	0.096	0.076

三、估计策略

理论推导表明，土地确权对劳动力非农转移的影响方向是不确定的，取决于"失地风险降低效应"和"土地投资激励效应"这两种正负效应的相对大小。然而，这两种效应不能分开估计。[①] 借鉴中曾根（Nakasone, 2011）的检验思路，我们构建如下简约式（reduced-form）模型来估计土地确权对劳动力非农转移影响的净效应：

$$Migration_{it} = \alpha + \beta Title_{it} + \kappa X_{it} + \delta_i + \lambda_t + \varepsilon_{it} \qquad (4-6)$$

其中，下标 i 和 t 分别表示省份和年份；被解释变量 $Migration_{it}$ 代表劳动力非农转移；$Title_{it}$ 代表土地确权，是本章关心的核心解释变量；X_{it} 代表控制变量，用以控制一系列可能对劳动力非农转移产生影响的其他因素；δ_i 为省份哑变量，用以控制不同省份之间不随时间变化的固有差异（如地理位置、气候类型和自然资源禀赋等）；λ_t 为年份哑变量，用以控制特定年份发生的可能影响劳动力非农转移的同步性的宏观因素（如经济周期、政策冲击等）；α、β、κ 为待估计参数（向量）；ε_{it} 是随机误差项。

由式（4-6）定义的双向固定效应模型的优势在于，可以控制住不可观测但不会同时随地区和时间变化的因素。因此，上述做法类似于一个双重差分（DID），实质上是在比较同一时间范围内，那些土地确权率发生较大变化的省份相对于那些没有多少变化的省份，在劳动力非农转移人数方面的变化的差异，而 $Title_{it}$ 的估计系数 β 正好度量了这一点。

然而，由理论分析可知，受土地流转市场发育状况影响，土地确权与劳动力非农转移之间可能并非单调的线性关系。土地确权对劳动力非农转移的影响很可能存在土地流转市场发展水平的门槛调节效应。为了能够准

[①] 首先，这需要一个结构模型，由于数据有限，这很难实现。其次，它要求为土地被收回风险假定一种具体的函数形式（Nakasone, 2011）。

确地捕捉到这一非线性关系，借鉴汉森（Hansen，1999）的研究，我们将基准模型拓展为以下形式的面板门槛模型：

$$Migration_{it} = \alpha + \beta_1 Title_{it} I(q_{it} \leq \gamma) + \beta_2 Title_{it} I(q_{it} > \gamma)$$

$$+ \kappa X_{it} + \delta_i + \lambda_t + \varepsilon_{it} \tag{4-7}$$

其中，$I(\cdot)$ 为示性函数；q_{it} 是门槛变量，此处为土地流转市场发展水平；γ 为门槛值，由模型内生决定；β_1 和 β_2 分别为门槛变量在 $q_{it} \leq \gamma$ 和 $q_{it} > \gamma$ 时土地确权对劳动力非农转移的影响系数；其他变量含义同上。在式（4-7）中，土地流转市场发展水平的门槛效应存在与否，取决于零假设 $\beta_1 = \beta_2$ 是否成立，对此可构造 Wald 统计量进行检验。在确定门槛效应存在的情况下，可进一步估计门槛值，并构建似然比（LR）统计量对其真实性进行检验。此外，式（4-7）为基础，还可扩展得到两个及以上门槛的多门槛模型。在实证分析中，我们采用多门槛模型进行门槛效应检验，并确定和测算具体的门槛个数及门槛值。

第四节　实证结果分析

一、确权对劳动力非农转移的影响

表4-2报告了基准模型的回归结果。其中，列（1）未加入任何控制变量；列（2）在列（1）的基础上加入了农村人力资本、户均承包地面积及其平方项、农业机械化、城乡收入差距、非农产业比重、城镇失业率等控制变量；列（3）加入了代表年份的时间固定效应；列（4）则进一步控制了不同省份的地区固定效应，即进行双向固定效应估计，并使用 Driscoll - Kraay 标准误（FE - DK）对面板数据可能存在的组间异方

差、组内序列相关①进行校正。估计结果显示，在不同模型设定下，土地确权对劳动力非农转移均起到十分稳健且显著的正向促进作用。根据列（4）完整的回归结果，"土地确权率"的估计系数为 0.026，且在 1% 的水平上显著，意味着在保持其他因素不变的条件下，土地确权率每提高 1%，在平均意义上劳动力外出务工比例将同步增加 0.026 个百分点。考虑到样本期间中国农村劳动力平均外出务工比例为 36.2%，因此上述估计的经济含义是，土地确权政策使得劳动力外出务工比例增加了 7.2%（0.026/0.362）。该结果与李江一（2020）基于中国家庭金融调查数据的研究发现（6.5%）十分接近，表明本章实证检验结果具有很好的一致性。

表 4 - 2　　　　　　　　　　　基准回归结果

解释变量	OLS (1)	OLS (2)	OLS (3)	FE - DK (4)
土地确权率	0.236 *** (0.061)	0.223 *** (0.065)	0.160 *** (0.048)	0.026 *** (0.008)
农村人力资本		- 0.058 *** (0.009)	- 0.083 *** (0.008)	0.009 (0.013)
户均承包地面积（对数）		0.107 *** (0.035)	0.074 ** (0.029)	0.080 *** (0.026)
户均承包地面积平方（对数）		- 0.021 ** (0.009)	- 0.017 ** (0.007)	- 0.024 ** (0.009)
农业机械化（对数）		- 0.053 *** (0.015)	- 0.064 *** (0.012)	0.041 *** (0.007)

---

① 用于组间异方差检验的 Modified Wald 检验的 p 值为 0.0000，用于组内序列相关检验的 Wooldridge 检验的 p 值为 0.0000，表明所使用的面板数据同时存在异方差和序列相关问题。此时，通常采用广义最小二乘法（FGLS）来得到无偏估计，但考虑到本章所使用的样本结构具有截面单元数量大于时间跨度的短面板（即大 N 小 T）特点，FGLS 方法容易导致小标准误估计（即高估显著性，事实上 FGLS 更适合用于长面板数据）。为保证检验结果的有效性和一致性，我们应用 Driscoll - Kraay 标准误调整方法来进行双向固定效应估计（Driscoll and Kraay，1998）。

续表

解释变量	OLS (1)	OLS (2)	OLS (3)	FE – DK (4)
城乡收入差距		− 0. 063 *** (0. 012)	− 0. 042 *** (0. 012)	− 0. 004 (0. 015)
非农产业比重		0. 174 (0. 110)	0. 174 ** (0. 087)	0. 068 ** (0. 024)
城镇失业率		− 0. 006 (0. 010)	0. 017 ** (0. 008)	0. 006 ** (0. 002)
常数项	0. 152 *** (0. 054)	0. 628 *** (0. 143)	0. 656 *** (0. 114)	0. 010 (0. 111)
年份固定效应	否	否	是	是
省份固定效应	否	否	否	是
Hausman 检验				$p - \mathrm{val} = 0.0008$
R^2	0. 061	0. 187	0. 462	0. 794
观测值	450	450	450	450

注：①圆括号内为标准误，其中列（1）~列（3）是聚类稳健标准误，列（4）是 Driscoll – Kraay 标准误。②** 、 *** 分别表示 5% 和 1% 的显著性水平。

二、内生性处理

确权是地方政府的选择性行为，存在一些不可观测因素（如基层组织政策执行能力、土地纠纷和土地调整情况等）在影响各地确权工作进展的同时，也可能对当地劳动力非农转移产生影响，由此引致遗漏变量的内生性问题。为避免由此造成的估计偏误，我们在基准回归模型中引入被解释变量的一期滞后项，构建动态面板模型，从而既能够反映劳动力外出务工本身所具有的路径依赖特征（董志强和赵俊，2019），还可以起到使模型能够涵盖未考虑到的可能影响劳动力非农转移的其他因素，避免或减轻遗漏变量偏误。我们使用 Windmeijer 有限样本校正的两步系统 GMM 方法对该动态面板模型进行估计。具体地，将滞后一期的劳动力外出务工比例和当期的土地确权率视为内生变量，将内生变量的三阶及更高阶滞后项作为 GMM 工具变量，而将其他解释变量作为其自身的工具变量。估计结果见表 4 - 3 的列（1）。其中，AR（1）、AR（2）检验表明，差分残差项只存在一阶序列相关、不存在二阶序列相关；Hansen 检验表明，不存在工具变量过度识别问题，说明构造的工具变量整体上是有效的。另外注意到，被解释变量滞后项的系统 GMM 估计值（0.962）恰好处在固定效应估计值（0.767）和混合 OLS 估计值（0.984）之间，这也验证了上述系统 GMM 估计结果的可靠性。[①] 从列（1）可以看到，在使用系统 GMM 方法处理遗漏变量内生性问题后，本章关注变量"土地确权率"依旧在 5% 水平上显著为正，说明考虑内生性后，土地确权仍然显著促进了劳动力非农转移。

动态面板模型估计虽然能够克服遗漏变量所产生的内生性问题，但无法解决由土地确权和劳动力非农转移双向因果关系导致的内生性问题。如一些研究发现，劳动力外出比例较高的村庄更有可能被选为确权试点并进行确权颁证改革（陈奕山等，2018）。对于这种联立性内生问题通常使用工具变量法去克服，但前提是获得有效的工具变量。由于在宏观层面上很难找到合适的工具变量，我们使用前定变量法进行解决。该方法通过将内生解释变量作滞后处理，不仅能够较好地消除双向因果关系带来的联立性偏误[②]，而且还可以兼顾土地确权对劳动力非农转移影响可能存在的时滞效应。结合已有研究，我们对土地确权率变量分别取 $t - 1$

---

① 一般地，混合 OLS 估计会高估滞后被解释变量的系数，而固定效应估计则会低估滞后被解释变量的系数。邦德等（Bond et al.，2001）提出了一个简便的经验法则，即如果滞后被解释变量的系统 GMM 估计值介于固定效应估计值和混合 OLS 估计值之间，那么系统 GMM 估计是可靠有效的。

② 这一做法成立的前提是模型误差项序列不相关，这可以从两个方面进行检验。首先，我们发现，滞后 1～3 期的土地确权率与当期土地确权率均存在很强的正相关关系（Pearson 相关系数分别为 0.583、0.492 和 0.408，且均在 1% 水平上显著），说明这种替代是合理的；其次，为了检测引入的土地确权率滞后项是否外生，我们用回归残差对滞后期的土地确权率进行回归，发现残差对滞后 1～3 期的土地确权率均没有影响（估计系数接近于 0，且均不显著），从而也证明了不存在时间上持续的因素同时影响本期的劳动力肺转移和滞后期的土地确权率。

期、$t-2$ 期和 $t-3$ 期①，被解释变量则为 t 期取值，然后同样采用 Driscoll - Kraay 标准误调整的双向固定效应方法对模型进行重新估计。结果如表 4-3 的列（2）～列（4）所示。所有滞后项均至少在 5% 的水平上显著为正，并且不同滞后项的系数估计值均大于当期值（0.026），这一方面表明土地确权对劳动力非农转移的促进效果在长期可以得到更加充分的展现，另一方面也说明即使在同时考虑了潜在的同期逆向因果关系和时间滞后效应后，本章结论依旧稳健。

表 4-3　　　　　　　　　　　控制内生性检验结果

解释变量	系统 GMM （1）	FE - DK （2）	FE - DK （3）	FE - DK （4）
土地确权率	0.011 ** （0.005）			
滞后 1 期土地确权率		0.050 ** （0.019）		
滞后 2 期土地确权率			0.070 *** （0.022）	
滞后 3 期土地确权率				0.057 *** （0.016）
控制变量	是	是	是	是
年份固定效应	是	是	是	是
省份固定效应	是	是	是	是
AR（1）	$p-val=0.012$			
AR（2）	$p-val=0.526$			
Hansen 检验	$p-val=0.830$			
R^2		0.758	0.719	0.680
观测值	420	420	390	360

注：①圆括号内为标准误，其中列（1）～列（3）是聚类稳健标准误，列（4）是 Driscoll - Kraay 标准误；② ** 、 *** 分别表示 5% 和 1% 的显著性水平。

———————————

① 从土地确权政策实施到农户对政策产生行为响应，中间会有一定的滞后期。胡新艳等（2018）将这一滞后时间设定为 1 年，韩家彬等（2019）设定为 2 年，丰雷等（2021）的考察则表明土地确权效果的充分显现大约需要 3 年的时间。

三、稳健性检验

为了确保研究结论的可靠性，我们还进行以下稳健性检验。

一是控制新一轮土地确权改革影响。自 2009 年起，中国启动了以"还权赋能"为核心的新一轮土地确权改革，首次在土地实测基础上对农户承包地"确实权、颁铁证"，是对农户土地权利内容的一次更加清晰、丰富的界定和保护。为了控制新一轮土地确权改革对估计结果可能产生的影响，我们在回归方程中添加"土地确权率"变量与 2009 年虚拟变量 $Year_{2009}$（2009 年之前赋值为 0，2009 年及之后赋值为 1）的交互项，进行稳健性检验。结果报告在表 4 - 4 的列（1）。依表所示，在控制新一轮确权改革影响后，关注变量"土地确权率"系数依旧在 5% 的水平上显著为正，而交互项系数却不显著。这意味着，新一轮确权并未改变土地确权与劳动力非农转移之间的正相关关系。事实上也是如此。本轮确权仍然以现有承包台账、合同、证书为依据确认承包地归属，是对现有土地承包关系的进一步完善，而不是推倒重来、打乱重分（韩长赋，2018）。

二是变换估计方法。考虑到被解释变量劳动力外出务工比例是一个在 0 至 1 之间连续变化的比例数，为消除数据截断对模型估计结果的可能影响，改用面板 Tobit 模型进行回归。根据个体效应与解释变量是否相关，面板 Tobit 模型有固定效应（FE）和随机效应（RE）之分。为稳健性起见，我们同时进行极大似然随机效应估计和半参数固定效应估计。[①] 结果见表 4 - 4 的列（2）和列（3）。可以发现，在两种回归模型下，核心解释变量"土地确权率"的估计系数都在 1% 水平上显著为正，这说明模型估计方法的改变并没有对基准回归结果造成颠覆性的影响，本章

---

① Hausman 检验统计量为负，此时无法直接在固定效应和随机效应估计量之间作出取舍，一般建议采用固定效应模型。

结论是稳健可靠的。

表 4 – 4　　　　　　　　　　　　其他稳健性检验结果

解释变量	控制新一轮确权影响	变换估计方法		删除插值年份
	FE – DK （1）	Tobit – RE （2）	Tobit – FE （3）	FE – DK （4）
土地确权率	0.038 ** （0.016）	0.027 *** （0.012）	0.210 *** （0.035）	0.021 *** （0.006）
$Year_{2009}$	0.056 *** （0.013）			
土地确权率 × $Year_{2009}$	− 0.020 （0.017）			
控制变量	是	是	是	是
年份固定效应	是	是	是	是
省份固定效应	是	是	是	是
R^2	0.794			0.800
观测值	450	450	450	420

注：①圆括号内为标准误，其中列（1）是聚类稳健标准误，列（2）~列（4）是 Driscoll – Kraay 标准误；② ** 、 *** 分别表示 5% 和 1% 的显著性水平。

三是删除插值年份。在基准回归中，因部分变量 2018 年数据缺失，我们采用邻近年份插值法进行补齐处理，这可能会使模型估计结果受到人为因素的干扰。为检验插值数据是否影响研究结论，将 2018 年数据从样本中剔除并重新回归。从表 4 – 4 中的列（4）可知，剔除插值年份后的估计结果保持不变，说明分析样本中少量插值数据并不会对本章结论造成严重干扰。

四、作用机制验证

根据研究假说 1，土地确权影响劳动力非农转移存在两种效应——失地风险降低效应和土地投资激励效应，前者对劳动力非农转移有促进作用，而后者则会抑制劳动力非农转移。而前述实证结论表明，土地确权总体上促进了农村劳动力向外转移。这意味着，现阶段中国土地确权主要发挥了失地风险降低效应，即土地确权增强了农村土地产权的安全性，进而促进劳动力向非农部门转移。为了从数据中进一步验证这一点，我们在式（4-6）中引入反映各省份土地产权安全性的变量与土地确权率的交互项，将其转化为可以被直接检验的命题。借鉴彭开丽（2020）的思路，我们使用平均每万户土地承包纠纷发生数（取自然对数，以下简称"土地承包纠纷发生率"）作为土地产权安全性的代理变量。土地承包纠纷指因订立、履行、变更、解除和终止农村土地承包合同和因收回、调整承包地以及因确认农村土地承包经营权发生的纠纷，包括因土地承包经营权互换、转让产生的纠纷，其实质是农村土地权利的保护问题（张金明和陈利根，2011），根源则在于土地权属的不清晰和土地产权的不稳定（黄鹏进，2018；张广财等，2021）。因此有理由认为，土地承包纠纷发生率与土地产权安全水平负相关，即土地产权安全性水平越高的地方，其土地承包纠纷发生率越低。此时待检验的机制转化为：如果土地确权主要是通过增强土地产权安全性进而促进劳动力非农转移，那么在土地承包纠纷发生率越高（即土地产权安全性越差）的省份，土地确权对其劳动力非农转移的促进效应就应该更大。

表4-5的列（1）报告了纳入土地承包纠纷发生率与土地确权率交互项后的估计结果。核心解释变量"土地确权率"与交互项"土地确权率×土地承包纠纷发生率"均显著且系数符号相同，意味着土地承包纠纷发生率越高（即土地产权安全性越差），土地确权所带来的劳动力非农转移促进效应越大。换句话讲，土地确权具有通过强化土地产权安全性而促进劳动力非农转移的机制。这支持了前文的机制解释，因而土地产权安全性增强确实是土地确权促进劳动力非农转移的重要传导机制。表4-5的列（2）和列（3）同时采用分组回归的方式对上述机制进行检验。按照土地

承包纠纷发生率的中位数，我们将全部样本划分为纠纷高发地区和纠纷低发地区两组子样本，然后分别进行回归。结果显示，关注变量"土地确权率"的系数在土地承包纠纷高发地区的样本组中显著为正，而在土地承包纠纷低发地区的样本中不显著，这表明在具有较低土地产权安全性水平的省份，土地确权更能够显著促进劳动力非农转移。这就为前面论述中的土地确权通过发挥失地风险降低效应，进而促进劳动力非农转移的机制提供了证据支持。

表 4 – 5　　　　　　　　　　　影响机制检验结果

解释变量	全样本 （1）	纠纷低发地区 （2）	纠纷高发地区 （3）
土地确权率	0. 059 *** （0. 014）	0. 005 （0. 010）	0. 013 ** （0. 005）
土地承包纠纷发生率	0. 007 （0. 006）		
土地确权率 × 土地承包纠纷发生率	0. 016 ** （0. 005）		
控制变量	是	是	是
年份固定效应	是	是	是
省份固定效应	是	是	是
R^2	0. 802	0. 809	0. 853
观测值	450	225	225

注：①圆括号内是 Driscoll – Kraay 标准误；② ** 、 *** 分别表示 5% 和 1% 的显著性水平。

五、异质性分析

（一）对不同劳动力转移类型的影响

根据转移时间、空间的不同，农村劳动力非农转移可以区分为不同的类型。既然土地确权能有效地促进劳动力非农转移，那么我们进一步要问，这种影响是否会因劳动力非农转移类型的不同而有所差异？为回答这个问题,根据转移时间长短,将外出劳动力划分为常年外出和季节性外出两类;根据转移地点不同,将外出劳动力划分为乡外县内转移、县外省内转移和省外转移三类,然后分别以上述五种类型外出劳动力占农村总劳动力的比例作为被解释变量,对土地确权率进行回归,结果汇报在表4-6。从转移时间看,列(1)和列(2)的估计结果显示,土地确权对季节性外出和常年外出均有显著正影响,并且对常年外出的影响明显大于对季节性外出的影响。从转移地点看,列(3)~列(5)的估计结果表明,土地确权显著提高到了县外省内和省外转移就业的劳动力比例,并且对省外转移的影响明显大于对县外省内转移的影响,但是对乡外县内转移无显著影响。这意味着,土地确权带来的地权安全性增强将加速农村劳动力转移模式的分化趋势,由早期的"农闲时外出务工、农忙时返乡务农"的短期性、季节型临时务工向"以常年外出务工为主、以务工收入为主要来源"的长期性、稳定型务工转变,由本地转移就业向跨城乡、跨地区的异地转移就业转变。

表4-6　　　　　　　　　分劳动力非农转移类型回归结果

解释变量	按转移时间长短划分		按转移地点范围划分		
	常年外出 (1)	季节性外出 (2)	乡外县内转移 (3)	县外省内转移 (4)	省外转移 (5)
土地确权率	0.175 *** (0.031)	0.035 *** (0.014)	0.016 (0.014)	0.050 *** (0.012)	0.135 *** (0.047)
控制变量	是	是	是	是	是
年份固定效应	是	是	是	是	是
省份固定效应	是	是	是	是	是
R^2	0.842	0.715	0.772	0.779	0.544
观测值	450	450	450	450	450

注:①常年外出务工劳动力指在外出劳动力中,全年累计在外劳动时间超过6个月的劳动力;除常年外出务工劳动力以外的外出者,定义为季节性外出务工劳动力。②乡外县内转移劳动力指在常年外出劳动力中,在本乡镇外、所属县内从业的劳动力;县外省内转移劳动力指在常年外出劳动力中,在本县外、所属省内从业的劳动力;省外转移劳动力指在常年外出劳动力中,在本省外从业的劳动力。③圆括号内是 Driscoll - Kraay 标准误。④ *** 表示1%的显著性水平。

（二）对不同区域的影响

中国地域辽阔，不同地区之间在自然条件、历史文化、社会经济发展水平以及要素市场发育程度等方面，不仅存在着水平方向上的从东到西的差异，而且还存在垂直方向上从北到南的差异，而这种差异反过来也会影响土地确权政策的实际有效性。为检验土地确权对劳动力非农转移的影响是否存在区域异质性，我们分别按照水平方向（东部、中部、西部）和垂直方向（南方、北方）两种分类标准，对全体样本进行分组；然后同时采用划分子样本和引入地区虚拟变量的方法，进行样本分层检验，结果如表4-7所示。从表中可以看出，土地确权对劳动力非农转移的影响无论是在东中西层面还是在南北方层面，都存在着差异。具体说来，分东中西看，土地确权显著促进了东部省份的劳动力非农转移，而对中部、西部省份的影响不显著；分南北看，土地确权对南方省份劳动力非农转移的促进作用较为显著，而对北方省份则没有显著影响。

表4-7　　　　　　　　　　　　分区域回归结果

解释变量	按水平方向划分				按垂直方向划分		
	东部 （1）	中部 （2）	西部 （3）	全样本 （4）	北方 （5）	南方 （6）	全样本 （7）
土地确权率	0.020** （0.008）	-0.003 （0.025）	-0.019 （0.016）		0.021 （0.023）	0.037* （0.019）	
土地确权率×东部				0.029** （0.011）			
土地确权率×中部				-0.016 （0.027）			
土地确权率×西部				0.026 （0.017）			
土地确权率×北方							0.018 （0.015）

续表

解释变量	按水平方向划分				按垂直方向划分		
	东部 （1）	中部 （2）	西部 （3）	全样本 （4）	北方 （5）	南方 （6）	全样本 （7）
土地确权率×南方							0.034 * （0.017）
控制变量	是	是	是	是	是	是	是
年份固定效应	是	是	是	是	是	是	是
省份固定效应	是	是	是	是	是	是	是
R^2	0.761	0.966	0.914	0.794	0.754	0.864	0.794
观测值	165	120	165	450	225	225	450

注：①根据国家统计局划分标准，东部地区包括北京、天津、河北、辽宁、上海、江苏、浙江、福建、山东、广东和海南；中部地区包括黑龙江、吉林、河南、山西、安徽、江西、湖北和湖南；其余省份为西部地区。②以地理上通用的秦岭—淮河线为界，北方地区包括黑龙江、吉林、辽宁、内蒙古、北京、天津、河北、河南、山西、山东、陕西、宁夏、甘肃、新疆和青海；其余省份为南方地区。③圆括号内是 Driscoll – Kraay 标准误。④ * 、 ** 分别表示 10% 和 5% 的显著性水平。

 第五节　拓展讨论：土地流转市场的门槛效应

　　理论分析表明，土地确权对劳动力非农转移的影响由"失地风险降低效应"和"土地投资激励效应"叠加决定，而哪种效应占据主导作用在很大程度上会受到土地流转市场发育的影响。当土地流转市场缺失时，由于土地无法顺畅流转，由确权释放出的劳动力可能选择继续从事农业生产，从而难以对劳动力转移起到促进作用；而随着土地流转市场的完善，土地市场的资源配置功能得以发挥，农业生产效率低的农户可以选择将其所承包的土地转出而整体迁移至城镇，由此释放出更多的劳动力向非农部门转移。本章以土地流转率为门槛变量，使用面板门槛模型对土地流转市场的上述调节机制进行检验。为尽可能地满足门槛变量的外生性假定，同时使用土地流转率的滞后 1 期值作为门槛变量。从表 4 - 8 可以看出，土地流转率及其滞后 1 期均通过单门槛检验，对应的门槛值分别为 0.591 和 0.568。因此，下面构建单门槛面板回归模型进行分析。

表 4 - 8　　　　　　　　门槛效应检验与门槛值估计结果

门槛变量	单一门槛		双重门槛		三重门槛		门槛估计值		
	F 值	p 值	F 值	p 值	F 值	p 值	门槛数	估计值	置信区间
土地流转率	87.77	0.000	12.12	0.393	4.48	0.877	单一	0.591	[0.584, 0.600]
滞后 1 期土地流转率	75.18	0.000	13.47	0.397	10.40	0.540	单一	0.568	[0.546, 0.569]

注：F 统计值与 p 值均为 Bootstrap 自取样 300 次得到的结果。

在确定存在单门槛的情形下，表 4 - 9 给出了面板门槛模型的回归结果。两个模型中，对门槛值两侧回归系数进行 Wald 检验的 F 统计量对应的概率 p 值都接近于 0，拒绝"两个系数不存在显著差异"的原假设，表明在以门槛值分割的两个不同的土地流转市场发展水平区间，土地确权对劳动力非农转移的影响发生了结构性变化。具体来看，当土地流转率低于门槛值 0.591 时，土地确权对劳动力非农转移的影响系数为 0.014，但不显著；当土地流转率大于门槛值 0.591 时，土地确权对劳动力非农转移的影响系数增大为 0.079，且在 5% 的水平上显著。进一步考虑内生性问题后，结果同样显示土地确权对劳动力非农转移的影响存在基于土地流转市场发展水平的门槛效应：在到达门槛值 0.568 之前，影响不显著且系数值很小；跨越门槛值 0.568 之后，影响显著且系数值变大。将上述结果与基准回归结果进行对比发现，当土地流转率越过门槛值后，土地确权对劳动力非农转移的促进作用明显提高，约为原系数（0.026）的 3.04 倍（考虑内生性后为 2.88 倍）。这验证了研究假说 2，即土地确权对劳动力非农转移的影响具有受土地流转市场发展水平调节的单门槛效应，并且在各地区土地流转市场发展水平存在差异的情况下，只有在土地流转市场较发达的地区，土地确权才会对劳动力非农转移产生显著的促进作用。

表 4 – 9 面板门槛模型回归结果

解释变量	门槛变量：土地流转率 (1)	门槛变量：滞后 1 期土地流转率 (2)
土地确权率 $\times I$（土地流转率 ≤0.591）	0.014 (0.014)	
土地确权率 $\times I$（土地流转率 >0.591）	0.079 ** (0.034)	
土地确权率 $\times I$（滞后 1 期土地流转率 ≤0.568）		0.015 (0.016)
土地确权率 $\times I$（滞后 1 期土地流转率 >0.568）		0.075 ** (0.037)
控制变量	是	是
年份固定效应	是	是
省份固定效应	是	是
Wald 检验	$p – val = 0.000$	$p – val = 0.000$
R^2	0.828	0.791
观测值	450	420

注：①圆括号内是聚类稳健标准误；② ** 表示 5% 的显著性水平。

上述结论很好地解释了为什么在东部地区可以观测到土地确权与劳动力非农转移之间显著的正相关性，而在中部、西部地区类似的相关性却不明显。因为相对而言，东部地区土地流转市场更为发达，土地产权交易体系建设更为完善，经确权颁证后的土地承包经营权不仅安全性和稳定性大大提高，而且拥有更为宽阔的流通渠道，从而强化了该区域土地确权的失地风险降低效应的发挥，使得确权对劳动力非农转移的促进作用相应也更明显；而在中西部地区，虽然对土地的确权颁证同样有利于提高农户土地产权的安全性及稳定性预期，但由于土地流转市场建设相对落后，经确认后的土地经营权无法通过土地市场进行流转交易，导致农户不能将土地的未来收益充分变现，增加了劳动力非农转移的机会成本，从而确权所表达的产权稳定未能形成显著的劳动力非农转移促进作用。与此同时，受历史时期"南方多租佃，北方多雇佣"的传统影响，南方土地流转一直较为活跃，而北方土地流转率则一直较低（王亚辉等，2018），土地流转市场发育不足削弱了确权对北方地区劳动力非农转移的积极影响。

第六节　本章小结

推动农村劳动力向城市和非农部门有序转移是乡村振兴战略的重要内容。本章构建了一个相对完整的分析框架，区分土地确权的两种效应——"失地风险降低效应"和"土地投资激励效应"，分析其对劳动力非农转移的影响机理；然后基于2005～2019年中国省级面板数据，利用双向固定效应模型实证检验土地确权对劳动力非农转移的影响作用，并运用面板门槛模型分析土地流转市场发展水平在其中的门槛调节效应。研究发现如下五点结论。

第一，土地确权总体上显著促进了农村劳动力向非农部门转移，并且该结论在排除了内生性问题及一系列稳健性检验后依然成立。

第二，机制分析发现，土地确权主要通过发挥失地风险降低效应，进而促进农村劳动力向非农部门转移。

第三，土地确权对不同类型劳动力转移的影响存在异质性：从转移时间看，对常年外出的影响大于对季节性外出的影响；从转移地点看，对省外转移的影响大于对县外省内转移的影响，而对乡外县内转移无显著影响。

第四，土地确权对劳动力非农转移的影响具有区域异质性：分东部、中部、西部看，显著促进了东部省份劳动力非农转移，而对中部、西部省份的影响不显著；分南北看，对南方省份劳动力非农转移有显著促进作用，而对北方省份则没有显著影响。

第五，土地流转市场发展水平在土地确权对劳动力非农转移的影响关系中起到门槛调节效应：当土地流转市场发展水平较低时，确权对劳动力非农转移无明显影响；只有当土地流转市场发展水平超过门槛值时，确权才会对劳动力非农转移起到显著的促进作用。

第五章

土地确权与农业生产效率

第一节 引言

面对大国小农、人多地少的基本国情农情，农业生产效率的不断提升被认为是增加农民收入、有效保障国家粮食安全是缩小城乡收入差距的关键（王璐等，2020）。过去数十年里，特别是改革开放以来的前三十年，伴随着家庭联产承包责任制的推行和农业市场化改革的深入，中国农业生产效率在整体上保持了较快的增长态势。根据盛等（Sheng et al.，2020）的测算，1978～2008 年中国农业全要素生产率（TFP）年均增长 2.4%，是世界平均水平的 2 倍。但是进入 21 世纪后，随着改革红利逐渐释放完毕，中国农业全要素生产率增长陷入停滞，2009～2016 年，中国农业全要素生产率平均增速只有 0.9%，不到其长期增长率 1.9% 的一半（Sheng et al.，2020）。在加快建设农业强国背景下，如何更有效地提升农业生产效率已经成为中国农业现代化发展亟待解决的现实问题。

稳定而有保障的土地产权是提高土地生产力和促进农业生产效率增长的必要条件（North and Thomas，1973）。不稳定的土地产权就如同对农户征收一种"随机税"，由于担心无法收回投资，农户会犹豫将资源用于土地长期投资和改良技术上，其结果是投资需求和农业生产效率双双下降（Besley，1995）。同时，由于产权不明晰、不稳定带来的高昂交易成本，还限制了土地流转的发生，导致土地无法从低效率农户向高效率生产者重新配置（姚洋，1998；陈飞和刘宣宣，2018），造成土地利用的低效率，进而不利于农业生产效率的提升。而土地产权的清晰界定，一方面可以通过保证收回这些投资的回报来促进与土地相关的中长期投资，从而直接提高农业生产效率；另一方面也为土地流转市场的高效顺畅运行提供了保障，从而可以通过将土地重新分配给效率更高的生产者，来间接促进农业生产效率的提高（徐尚昆等，2022；王萍萍，2023）。

作为理论的政策回应，中国政府自家庭联产承包责任制实施以来，就不断在政策层面加强土地产权的稳定性。尤其是 2009 年试点并于 2013 年全面推广的新一轮农村土地承包经营权确权、登记和颁证政策（以下简称"新一轮土地确权"），被视为家庭联产承包责任制之后中国农村又一次重要的制度改革，也被视为维护农户土地产权稳定、安全和强化农户土地产权强度最为重要的制度安排（罗必良等，2021）。相比前几轮确权，此轮确权在中央及各部委多项政策文件的安排部署下更为正式，推动的力度也更大，土地承包合同和承包经营权证书颁证率较高，基本解决了农村土地长期存在的面积不准、四至不清的问题（杨宏力等，2018）。由此，一个自然且重要的问题是，这场声势浩大的土地承包经营权确权登记颁证改革究竟能否真正起到提高农业生产效率的作用？从掌握的文献来看，已有研究着重考察了本轮确权对农户土地流转、非农就业和资本投资的影响，而针对农业生产效率影响的评估研究相对较少。陈飞和刘宣宣（2018）利用中国健康与养老追踪调查（CHARLS）2011 年数据，检验了新一轮土地确权对农业劳动生产率的影响，结果发现确权农户的农业劳动生产率平均比非确权农户高出 28.7%。林文声等（2018）使用随机前沿生产函数方法测算的技术效率（technical efficiency）作为农业生产效率的度量，基于中国劳动力动态调查（CLDS）2014 年和 2016 年的混合截面数据检验发现，新一轮确权在总体上显著提高了农户的农业技术效率。在最近的研究中，高叙文等（2021）、王萍萍（2023）重点检验了新一轮确权对土地生产率的影响，结果发现确权同时显著提高了农户的土地生产率。

土地产权制度与农业生产效率的关系一直是发展经济学的重要话题。由于二者之间存在较强的内生性，在缺乏合适政策实验的情况下，对这一问题的回答往往存在着较大困难。本章利用中国新一轮土地确权改革提供的绝佳机会，基于中国劳动力动态调查（CLDS）2014 年、2016 年的两轮追踪数据和面板双向固定效应模型，实证检验土地产权稳定对于农业生产效率的影响效果，并进一步验证其内在作用机制。与已有相关文献相比，本章的边际贡献体现在：第一，不同于已有研究使用截面数据或者混合截面数据会忽略非观测的个体因素，导致模型估计不准确，本章利用双向固定效应模型同时对个体效应和时间效应进行控制，可以更精准地识别新一轮土地确权的影响。第二，已有文献对土地确权与农业生产效率关系的探讨多集中于土地生产率、劳动生产率等单要素生产率（single factor productivity，SFP）指标，本章综合考量土地、劳动以及其他费用投入的贡献程度，构建全要素生产率指标，能够更加全面系统地衡量多维度农业生产效率。第三，本章不仅考察新一轮土地确权对农业生产效率的平均影响效应，而且考察该效应在不同事前产权状态、不同经营规模、不同地理区域和不同生产效率水平之间的差异，有益于厘清土地确权政策效果发挥的边界条件。第四，从土地产权稳定的直接激励作用与资源配置效率改进两个方面，较为全面地探讨了土地确权改革所引致的农业生产效率提升路径，是对现有文献的有效补充。

 第二节 理论分析

农业生产效率增长有两个来源：一个是微观农户自身生产效率的提高；另一个是农户间资源再配置带来的效率提升（包括资源由低效率农户向高效率农户转移以及低效率农户退出农业生产、高效率农户进入农业生产两种方式）。土地确权作为稳定和保护农户土地产权的有效措施，理论上可以通过以下两个途径对农业生产效率产生影响：一是"地权稳定性效应"，体现为在稳定的土地承包经营权激励下，农户将积极地对所经营的

土地进行长久的投资，从而提高农业生产效率，即农户农业生产效率的绝对增长；二是"地权流动性效应"，体现为主体确定、产权归属明晰的土地权利能够有效降低土地流转的成本和风险，减弱土地"黏性"对低效率农户的捆绑，从而可以通过将土地重新分配给效率更高的农业经营主体和加速不同效率农户之间的"优胜劣汰"来间接提高农业生产效率，即农户间资源配置效率的改善。如图 5 – 1 所示。

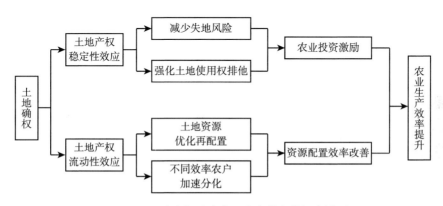

图 5 – 1　土地确权影响农业生产效率的概念模型

一、地权稳定性效应

对于像我国这样资本相对匮乏的欠发达经济体，增加对土地、农具等的投资对于提高农业生产效率具有重要推动作用（Adu – Baour et al.，2019；Paudel et al.，2019；周振和孔祥智，2019）。土地确权通过颁发具有法律效力的土地产权证书，有利于增强土地产权的安全性和稳定性，进而对农户产生农业投资激励。具体表现为以下两点：一是土地确权能有效降低他人侵占土地、村集体调整或收回土地的风险，增强农户未来收回当前农业投资的能力和信心，从而有利于提高其农业投资的积极性（史常亮等，2022）。土地产权越稳定，农户越有把握保证自己的劳动果实不被政府、邻居或者其他机构侵占，从而可以放心地进行长期投资，如土地平整、施用有机肥等土壤改良性投资（黄季焜和冀县卿，2012），以及增加土地产量的劳动力、化肥、农药投入等短期投资（林文声等，2018）。而土地权利的不稳定，则不仅降低了农户对于土地投资未来收益的稳定性及可得性的预期，弱化其增加当期投资的动力（Lovo，2016）；而且将增加农业生产经营中断的风险，从而进一步抑制农户农业投资的积极性（Hare，2008）。二是确权增强了土地使用的排他性能力，有助于减少潜在的土地纠纷，降低土地流转过程中的不确定性和风险，促进土地流转市场发育。而倘若农户预期自己的当期投资可以在未来的土地交易中体现其价值，则将产生所谓的交易收益效应，激励其增加农业投资（Carter and Yao，1999；姚洋，2000）。

二、土地产权流动性效应

除了提高农业投资的直接激励作用外，土地确权还可以通过促进土地资源的优化再配置和不同生产效率农户的加速分化来提高农业生产效率。具体表现为以下两个方面：一是土地确权带来的土地产权安全性和稳定性提高，有助于减少土地流转的交易成本，推动土地从低效率农户向高效率农户转移，从而提高土地资源配置效率，促进农业总产出增加（Gao et al.，2021）。在家庭联产承包责任制下，土地按人口平均分配，这忽略了异质性农户在农业生产效率上的固有差异。而进一步，在原有的土地所有权和承包经营权"两权"分置情境下，农户对土地仅拥有不完整的权利，特别是由于承包权和经营权没有分离，农户的土地流转受限，高效率农户无法通过市场来转入土地扩大生产规模，造成农户土地经营规模与其生产效率的"错配"，降低了农业总生产率（史常亮等，2020；Adamopoulos et al.，2022）。而新一轮土地确权的实施，通过鼓励和支持农户土地流转，有助于促使土地集中到效率较高的经营主体手中，从而逐步优化土地资源配置，提高农业生产效率。相关研究表明，即使不考虑其他因素，若土地能够有效配置，其本身可以使 2004~2013 年中国农业部门的全要素生产率提高 1.36 倍（盖庆恩等，2017）。二是土地确权后承包权与经营权的分离，降低了农户通过低效率农业生产保有土地的动机，有效减弱了土地"黏性"对低效率农户的捆绑（黄宇虹和樊纲治，2020），促使其将土地转出而减少或退出农业生产；而高效率农户则可以在稳定的土地产权预期下发挥自身比较优势，转入土地并扩大农业生产规模。这意味着，土地确权将起到一种加速的"分离器"作用，将加快拥有不同生产效率的农户实现职业分化和专业分工（林文声等，2018）。而已有研究表明，通过社会化分工与专业化生产，不仅能够获得更高的单位土地面积农产品产出量（Lysenkova，2015），而且也是提升农业生产技术效率（Coelli and Fleming，2003）和农业全要素生产率（Huffman et al.，2000）的有效途径。

第三节　数据来源与研究设计

一、数据来源

本章使用数据来源于中山大学社会科学调查中心开展的中国劳动力动态调查（China labor – force dynamic survey，CLDS）数据库。该项目采用多阶段、多层次与劳动力规模成比例的概率抽样方法（multistage cluster，stratified，PPS sampling），并在国内率先采用轮换样本追踪方式，既能较好地适应中国剧烈的变迁环境，又能同时兼顾横截面调查的特点。CLDS 每两年一次对我国城乡开展动态追踪调查，调查样本覆盖除西藏、海南、港澳台地区外的中国 29 个省（自治区、直辖市），具有全国代表性。其中，

2014 年调查样本涵盖了上述 29 个省（自治区、直辖市）、209 个县（市、区）、401 个村（社区）的 14214 户家庭；2016 年调查在对 2014 年的 8445 户家庭样本追访的同时，新增家庭样本 5781 户，总样本规模达到 14226 户。CLDS 调查问卷包括劳动力个体、家庭和村居三个层次，调查项目基本涵盖了所有可以反映城乡经济社会变化的重要变量，其中的家庭问卷不仅收集了家庭成员的性别、年龄、教育状况、健康水平、政治面貌等人口统计学特征，还包括了家庭财产与收入、家庭消费、家庭捐赠、农村家庭生产和土地等方面的丰富信息，尤其是详细记录了每个农户家庭的土地承包经营权证书持有情况，为本章的实证研究提供了坚实的数据支撑。

根据研究需要，本章主要使用 CLDS 数据库 2014 年和 2016 年两个调查年度的家庭数据和村居数据进行分析。具体的数据处理方式是：首先，根据村庄编码将家庭数据和村庄数据进行合并；其次，删除城镇地区样本，仅保留农村地区样本；最后，为获得平衡面板数据，删除 2016 年调查中未成功追踪或被轮换掉的样本，仅保留 2014 年和 2016 年两期均接受调查的样本。经过上述清理后，最终获得由 4847 个农户共 9694 份样本组成的两期平衡面板数据。[①]

二、实证设计

（一）农业生产效率测度

农户层面的农业生产效率是本章研究所关注的主要被解释变量。所谓生产效率是指，生产过程中投入要素转化成产出的有效程度。在实际应用中，人们经常将"效率"和"生产率"（productivity）交替使用。按照投入要素的数量，生产效率可以区分为单要素生产率（SFP）和全要素生产

---

① 在回归分析中，因一些变量观测值存在缺失，以及控制农户固定效应会损失那些只有一期观测数据的样本，有效样本量还会有所减少。

率（TFP）。其中，单要素生产率如土地生产率、劳动生产率等的优点是指标含义明确、易于计算和比较分析，但缺点是只考虑了某一种相对关键的投入要素，不能全面综合地反映整个农业生产过程（李谷成等，2009；史常亮等，2020）。而全要素生产率综合考虑了资本、土地、劳动以及中间品投入要素等的贡献程度，体现的是各种生产要素投入水平既定的条件下所达到的额外生产率（蔡昉，2013），不仅是农业生产效率水平的集中反映，而且能够在一定程度上刻画出农户的生产经营能力、管理能力与组织效率。因此，与徐尚昆等（2022）一样，本章使用全要素生产率（TFP）指标作为微观农户层面农业生产效率的度量。

与已有研究中国农业生产的大部分文献一致（Adamopoulos et al.，2021；Chari et al.，2021；王璐等，2020），本章使用经典的柯布—道格拉斯（Cobb – Douglas）生产函数来估计每个农户的农业全要素生产率：

$$Y_{vht} = A_{vht} L_{vht}^{\alpha_1} S_{vht}^{\alpha_2} M_{vht}^{\alpha_3} \tag{5-1}$$

$$\ln Y_{vht} = \alpha_1 \ln L_{vht} + \alpha_2 \ln S_{vht} + \alpha_3 \ln M_{vht} + \{FE_s\} + \phi_{vht} \tag{5-2}$$

$$\ln TFP_{vht} = \ln Y_{vht} - \hat{\alpha}_1 \ln L_{vht} - \hat{\alpha}_2 \ln S_{vht} - \hat{\alpha}_3 \ln M_{vht} \tag{5-3}$$

其中，下标 v、h、t 分别代表村庄、农户和年份；Y_{vht} 为村庄 v 中农户 h 在第 t 年的农业总产出，用种植业（包括粮食作物和经济作物）经营总收入表示；L_{vht} 为劳动投入，用家庭当年从事种植业生产的劳动人数表示；S_{vht} 为土地投入，用家庭当年经营的耕地面积表示，包括农户承包地和租入的土地，但不包括用于其他农业生产活动（例如林业、畜牧业和渔业）的土地；M_{vht} 为所有其他费用，用种植业经营总成本表示；A_{vht} 代表农户 h 在第 t 年的农业全要素生产率。

对式（5 - 2）定义的生产函数参数的估计取决于我们对未观察到的全要素生产率的假设，因为这可能与投入决策相关（Marschak and Andrews，1944）。我们假设式（5 - 2）估计中的内生性主要来自两个方面：相对宏观的外部因素变化和农户特质，并通过引入不同维度的固定效应 $\{FE_s\}$

来缓解这两种形式的内生性（王璐等，2020）。一方面，为捕捉农户的固定能力，我们同时加入农户固定效应和年份固定效应；另一方面，为缓解村庄层面随时间变化的因素（如土地质量、气候、降雨、地区政策变化等）带来的内生性问题，我们还加入了村庄—年份层面的交互固定效应。

我们采用固定效应模型对式（5－2）进行估计，在得到各要素投入的产出弹性后，再通过式（5－3）计算出农户层面的农业全要素生产率（TFP）。估计结果显示，劳动投入、土地投入和其他费用投入的产出弹性分别为 0.005、0.150 和 0.554，弹性之和为 0.709，Wald 检验在 1% 的显著性水平上拒绝"规模报酬不变"的原假设，再次表明中国农业生产总体呈现规模报酬递减的特征。

（二）计量模型设定

本章想要探讨的核心议题是土地确权如何影响农户的农业生产效率，为了控制不可观测的个体差异和时间趋势，我们采用同时控制年份和农户个体的双向固定效应模型进行估计。基准回归方程设定为：

$$\ln TFP_{vht} = \alpha + \beta Cert_{vht} + \lambda X_{vht} + \delta_h + \lambda_t + \mu_{vt} + \varepsilon_{vht} \tag{5－4}$$

其中，$\ln TFP_{vht}$ 为村庄 v 中农户 h 在第 t 年的农业生产效率，用对数形式的农业全要素生产率表示。$Cert_{vht}$ 为本章感兴趣的变量，代表农户 h 在第 t 年是否完成土地确权，以 CLDS 问卷中"目前，您家是否领到了《农村土地承包经营权证书》?"问题来识别。由于 CLDS 是跨年数据且土地确权是一次性政策，如果农户回答"是"，则表示该农户在调查当年或以前已领取到土地承包经营权证书，因此赋值 $Cert = 1$；若农户回答"没有"，则表示截至调查当年该农户尚未领取到土地承包经营权证书，赋值 $Cert = 0$。

X_{vht} 为会影响农业生产效率的其他因素。考虑到农业生产通常以家庭为经营单位，农户的生产行为决策也往往表现为家庭决策，因此，本章主要从农户家庭层面选取相关特征变量加以控制，包括家庭中男性成员比例、家庭成员平均年龄（及其平方，生命周期假说）、家庭中未上过学人口比例、家庭中健康人口比例、家庭中老人和小孩比例、是否党员户、是否获得农业生产补贴。这些变量影响农业生产效率，但不受土地确权政策实施的影响。

δ_h 为农户固定效应，λ_t 为年份固定效应，分别用于控制不随时间变化的农户特质和随时间变化的宏观冲击对于农业生产效率的影响。μ_{vt} 为村庄—年份层面的交互固定效应，用于控制所有村庄随时间变化因素的影响，如村庄自身社会经济条件的变化、宏观经济周期等。ε_{vht} 为随机误差项，考虑到中国农村社会在很大程度上仍属于熟人社会，同一村庄内不同农户的生产要素配置行为往往高度相关，而在不同村庄之间则较不相关（史常亮等，2019），在回归时我们将标准误聚类到村庄层面以获得稳健估计。

三、变量描述统计

表 5 - 1 报告了本章所使用变量的基本描述统计信息。我们首先分析样本农户的土地确权情况。分年度统计结果显示，在 2014 年的调查中，领取到土地承包经营权证书的样本农户占比为 44.48%，到 2016 年这一比例已经上升为 65.85%。这与全国农村土地确权进展的总体情况一致。据农业农村部门统计，截至 2016 年底，全国已有 2582 个县（市、区）开展了农村承包地确权登记颁证试点，完成确权面积 8.5 亿亩，约占全国二轮承包合同面积的 70%。[①] 分区域来看，2014 年东部、中部、西部领取到土地承包经营权证书的农户占比分别为 34.6%、48.31% 和 54.36%，而到 2016 年这一比例分别上升为 56.36%、68.54% 和 76.30%。东部地区确权颁证

---

① 土地确权步入"啃硬骨头"阶段，有农民"寸土必争"[J].《瞭望》新闻周刊，2017 - 07 - 30.

进度明显滞后于中部地区和西部地区，这可能是因为东部地区农村经济发展水平较高，集体经济相对发达，土地代表的利益更多、更复杂，影响了土地确权工作的开展，拖延了确权进度。

表 5 – 1　　　　　　　　　　　变量定义与描述统计

变量名称	变量定义或测度	观测值	均值	标准差
是否土地确权	是 = 1，否 = 0	9325	0.549	0.498
总产出	当年种植业经营总收入（元）	9694	3814.125	14361.624
劳动投入	当年从事农业生产人数（人）	9694	1.115	1.083
土地投入	当年经营耕地面积（亩）	9694	6.211	45.482
其他费用	当年种植业经营总成本（元）	9694	1985.048	10816.970
农业生产效率	农业全要素生产率的自然对数	3397	4.054	0.705
男性家庭成员比例	家庭中男性人口数/总人口	9694	0.520	0.167
家庭成员平均年龄	家庭成员年龄总和/总人口的自然对数	9684	3.695	0.292
家庭成员平均年龄平方	家庭成员平均年龄的平方的自然对数	9684	13.736	2.170
未上过学人口比例	家庭中未上过学人口/总人口	9694	0.191	0.236
健康人口比例	家庭中健康人口/总人口	9694	0.631	0.347
老人和小孩比例	家庭中老人和小孩数/总人口	9694	0.203	0.251
是否党员户	是 = 1，否 = 0	9694	0.158	0.364
是否获得农业生产补贴	是 = 1，否 = 0	6275	0.632	0.482
弃耕面积	当年弃耕面积（亩）	9428	0.412	1.920
弃耕水田面积	当年水田/水浇地面积（亩）	9385	0.167	0.953
弃耕旱地面积	当年弃耕旱地面积（亩）	9367	0.195	1.287
是否转入土地	是 = 1，否 = 0	9694	0.099	0.299
是否农业生产专业户	是 = 1，否 = 0	6275	0.082	0.274
土地生产率	种植业经营总收入/经营耕地面积的自然对数	3484	6.779	0.984
劳动生产率	种植业经营总收入/从事农业生产人数的自然对数	3470	8.011	1.177
农业技术效率	利用随机前沿模型估计得到	3397	0.757	0.109

　　注：①对于健康状况评价，CLDS 家庭问卷依次给出"非常健康""健康""一般""比较不健康"和"非常不健康"5 个选项，我们将"非常健康"和"健康"定义为健康人口；②老人指年龄在 65 岁及以上的家庭成员，小孩指年龄在 6 岁以下的家庭成员。

被解释变量农业生产效率用农业全要素生产率衡量。结果显示，样本期内农户层面农业全要素生产率整体呈微弱下降趋势，从 2014 年的 4.07 下降至 2016 年的 4.04。分区域看，中部地区农业全要素生产率最高，平均达到 4.21；其次是东部地区，平均为 4.09；西部地区最低，平均为 3.84。上述描述与吴亚玲等（2022）的计算结果具有较好的一致性，说明本章的计算方法和数据处理均较为合理，测算结果可信度较高。

表 5 - 2 进一步比较了确权农户与未确权农户在农业投入产出、全要素生产率和其他家庭特征方面的差异，并进行均值 t 检验。其中，确权户是指两轮调查期间领到土地承包经营权证书的农户，未确权户则是指截至 2016 年调查时仍未领到土地承包经营权证书的农户。可以发现，确权农户在各项农业投入产出方面均显著高于未确权农户，二者差异在 1% 的水平上显著。相应地，确权农户的农业全要素生产率水平也要显著高于未确权农户，二者差异同样在 1% 的水平上显著。因此从直观上看，土地确权对农户农业生产效率有正向的促进作用。进一步从家庭层面的特征差异来看，确权农户与未确权农户除了在健康人口比例、老人和小孩比例上不存在显著性差异以外，在其他方面均存在显著性差异。其中，确权农户的男性家庭成员比例、家庭成员平均年龄及平方、党员户比例、获得政府农业生产补贴比例都显著高于未确权农户。两类群体间的这些系统性差异表明，农户是否领取到土地承包经营权证书存在选择性偏差，直接使用普通最小二乘（OLS）估计可能会出现非随机分配所导致的估计偏误。

表 5 - 2　　　　　确权组农户与非确权组农户差异比较

变量	未确权户①	确权户②	均值差②-①	T 统计值
ln（总产出）	8.349	8.681	0.332	8.491***
ln（劳动投入）	0.495	0.532	0.037	3.358***

续表

变量	未确权户 ①	确权户 ②	均值差 ② - ①	T统计值
ln（土地投入）	1. 208	1. 565	0. 357	16. 865 ***
ln（其他费用）	7. 229	7. 500	0. 271	7. 515 ***
ln（农业全要素生产率）	3. 992	4. 093	0. 102	4. 021 ***
男性家庭成员比例	0. 515	0. 523	0. 008	2. 215 **
ln（家庭成员平均年龄）	3. 666	3. 716	0. 050	8. 170 ***
ln（家庭成员平均年龄平方）	13. 535	13. 884	0. 348	7. 732 ***
未上过学人口比例	0. 199	0. 180	- 0. 019	- 3. 871 ***
健康人口比例	0. 633	0. 632	- 0. 001	- 0. 140
老人和小孩比例	0. 204	0. 197	- 0. 007	- 1. 280
是否党员户	0. 139	0. 176	0. 038	5. 003 ***
是否获得农业生产补贴	0. 599	0. 661	0. 062	4. 923 ***

注： ** 、 *** 分别表示两组样本各个变量的均值在 5% 和 1% 的水平上有显著差异。

第四节 实证结果分析

一、确权对农业生产效率的影响

表 5 - 3 汇报了基于双向固定效应模型的基准回归结果。[①] 列（1）未加入任何控制变量，结果显示土地确权对农业生产效率具有显著的正向影响，平均意义上确权使得农户层面的农业全要素生产率相对提升了 13.6%。列（2）在列（1）的基础上加入家庭特征以排除其他因素的干

———————

① 样本观测值大幅少于前文，这是因为那些只存续一期的单期观测值（singleton observations）在加入农户固定效应后会被自动删除。数据显示，在所有变量都不存在缺失值的 3299 个样本中，约有 1143 个农户只存续一期，农户固定效应的控制导致损失近 35% 的样本。

扰，结果依旧十分稳健。列（3）进一步控制了村庄层面随时间的变化趋势，结果发现土地确权对农业生产效率的促进作用依然在1%水平上显著存在，确权后农户的农业全要素生产率平均提高了16.8%。列（4）～列（6）依次将村级时间趋势替换为县级时间趋势、市级时间趋势和省级时间趋势，虽然估计的系数值有细微变化但仍旧保持在1%水平上显著为正。另外注意到，几乎所有模型中的控制变量都不显著，原因可能在于控制了农户固定效应，同时这也间接排除了可能存在的其他政策或因素对农业生产效率的影响，确保了政策效应的稳健性。总之，基准回归结果充分表明，土地确权对农户农业全要素生产率提升具有显著而稳健的正向促进作用。

表 5 – 3　　　　　　　　　　　基准回归结果

解释变量	(1)	(2)	(3)	(4)	(5)	(6)
是否土地确权	0.136 **	0.125 **	0.168 ***	0.193 ***	0.176 ***	0.176 ***
	(0.065)	(0.063)	(0.063)	(0.065)	(0.061)	(0.056)
男性家庭成员比例		− 0.411	− 0.340	− 0.523	− 0.454	− 0.266
		(0.422)	(0.394)	(0.410)	(0.409)	(0.419)
家庭成员平均年龄（对数）		0.223	− 1.312	− 1.627	− 0.283	0.846
		(3.004)	(3.933)	(4.057)	(3.688)	(3.290)
家庭成员平均年龄平方（对数）		− 0.048	0.163	0.195	0.012	− 0.136
		(0.414)	(0.540)	(0.555)	(0.505)	(0.450)
未上过学人口比例		− 0.005	0.108	0.110	0.087	0.012
		(0.191)	(0.186)	(0.191)	(0.192)	(0.191)
健康人口比例		0.211 **	0.099	0.092	0.068	0.120
		(0.090)	(0.066)	(0.070)	(0.072)	(0.073)
老人和小孩比例		0.245	0.118	0.138	0.167	0.242
		(0.186)	(0.147)	(0.148)	(0.154)	(0.159)
是否党员户		− 0.032	0.033	0.008	0.062	0.013
		(0.090)	(0.105)	(0.105)	(0.104)	(0.098)
是否获得农业生产补贴		0.058	0.021	0.040	0.044	0.054
		(0.053)	(0.052)	(0.052)	(0.054)	(0.058)
常数项	4.031 ***	3.867	6.671	7.461	4.992	2.721
	(0.042)	(5.530)	(7.228)	(7.481)	(6.822)	(6.075)

解释变量	（1）	（2）	（3）	（4）	（5）	（6）
农户固定效应	是	是	是	是	是	是
年份固定效应	是	是	是	是	是	是
村庄×年份固定效应	否	否	是			
县域×年份固定效应				是		
城市×年份固定效应					是	
省份×年份固定效应						是
调整后 R^2	0.303	0.308	0.366	0.378	0.344	0.320
观测值	2164	2156	2120	2134	2134	2152

注：①样本观测值大幅减少，这是因为那些只存续一期的单期观测值（Singleton Observations）在加入农户固定效应后会被自动删除。数据显示，在所有变量都不存在缺失值的3299个样本中，约有1143个农户只存续一期，农户固定效应的控制导致损失近35%的样本。②圆括号内为聚类到村的稳健标准误。③ ** 、 *** 分别表示5%和1%的显著性水平。

二、潜在的机制

接下来，我们进一步考察土地确权影响农业生产效率的具体作用机制。正如理论分析所指出，农业生产效率主要通过投资和要素配置来实现。相应地，土地确权对农业生产效率的影响可以分解为两部分，即地权稳定的直接激励效应，以及通过促进地权的流动和再配置带来的效率提升。其中，直接激励效应主要体现为确权可以通过强化土地产权的稳定性和安全性，调动农户在农业生产方面的积极性，促使其增加农业投入，进而提高农业生产效率。因此，可以从农业生产投入的角度，对地权稳定的直接激励效应进行验证。在数据可得的条件下，我们尽量多地选择可以衡量农业生产投入的变量来验证"地权稳定性效应"机制是否存在，结果报告在表5-4。回归结果显示，土地确权后农户在农业生产中的各项投入都有不同幅度的增加，其中劳动投入增加了6.5%，其他费用投入增加了42.9%，土地投入增加了16.9%，上述结果分别在5%和1%的显著性水平上显著。这支持了前述的解释机制，即土地确权能够激励农户在农业生产中进行更多的投入，从而提高农业生产效率。另外，表中列（4）~列（6）的回归结果还表明，土地确权显著减少了弃耕的土地面积，尤其是水田/水浇地弃耕面积。这意味着土地确权后新增加的土地投入主要来源于质量较高的闲置水田/水浇地，即土地确权激活了农村闲置的优质土地资源，减少了土地资源浪费，提高了土地利用率。

表 5-4　　　　　　　　　地权稳定性效应机制检验结果

解释变量	劳动投入 (1)	其他费用投入 (2)	土地投入 (3)	弃耕面积 (4)	弃耕水田面积 (5)	弃耕旱地面积 (6)
是否土地确权	0.065** (0.027)	0.429*** (0.159)	0.169*** (0.038)	-0.034 (0.022)	-0.035* (0.019)	0.004 (0.016)
家庭特征变量	是	是	是	是	是	是
农户固定效应	是	是	是	是	是	是
年份固定效应	是	是	是	是	是	是
村庄×年份固定效应	是	是	是	是	是	是
调整后 R^2	0.498	0.522	0.668	0.304	0.284	0.197
观测值	9122	9122	9122	8644	8564	8530

注：①上述被解释变量均加1后取自然对数；②限于篇幅，家庭特征变量和常数项的结果未予列示；③圆括号内为聚类到村的稳健标准误；④*、**、***分别表示10%、5%和1%的显著性水平。

土地确权促进农业生产效率提升的另一个渠道是"地权流动性效应"，表现为：一方面确权使得土地流转过程更加符合效率原则，有助于引导土地向效率更高的经营主体配置；另一方面确权具有"分离器"的作用，将加快拥有不同生产效率的农户实现职业分化和专业分工。为了识别上述两种作用机制是否存在，我们将"是否土地确权"与农业全要素生产率交互，并分别对"是否转入土地"和"是否农业生产专业户"进行回归。表5-5列（1）报告的以"是否转入土地"为被解释变量的回归结果显示，交互项"是否土地确权×农业全要素生产率"的估计系数在5%的显著性水平上显著为正，说明农业全要素生产率越高的农户，确权后转入土地的可能性越大，即确权促进了生产效率相对较高的农户更多地转入土地。在列（2）以"是否农业生产专业户"为被解释变量的回归结果中，交互项"是否土地确权×农业全要素生产率"的估计系数同样在10%的水平上显著为正，说明农业全要素生产率越高的农户，确权后专业化从事农业生产的可能性越大，即确权为高效率农户农业生产的进一步专业化提供了保障。因此，地权流动性效应机制也能够得到验证。

表 5-5   地权流动性效应机制检验结果

解释变量	是否转入土地 (1)	是否农业生产专业户 (2)
是否土地确权	-0.302** (0.130)	-0.255** (0.125)
农业全要素生产率	0.001 (0.025)	-0.043* (0.024)
是否土地确权×农业全要素生产率	0.078** (0.034)	0.062* (0.032)
家庭特征变量	是	是
农户固定效应	是	是
年份固定效应	是	是
村庄×年份固定效应	是	是
调整后 R^2	0.407	0.300
观测值	2122	2122

注：①"是否转入土地"根据 CLDS 家庭问卷中受访户对问题"去年，您家土地中承包他人土地有多少亩？"的回答而来；②"是否农业生产专业户"根据 CLDS 家庭问卷中受访户对问题"目前，您家是否是农业生产专业户？"的回答而来；③圆括号内为聚类到村的稳健标准误；＊、＊＊分别表示10%和5%的显著性水平。

三、异质性分析

（一）不同事前产权状态

尽管产权界定是重要的，但确权如何影响农户的资源配置行为进而影响到农业生产效率，还需考虑产权实施的具体场景（罗必良和洪炜杰，

2020)。土地确权作为典型的法律赋权行为，其表达的地权安全性只有当被农户感受和认同，并内化为稳定、可信的产权预期时，才能真正起到影响农户生产行为的作用（Van Gelder，2010）。一直以来，虽然中央一再强调土地承包经营权的稳定性，但基于村庄自治需要或农户的公平诉求，实际生活中土地调整依然时有发生（丰雷等，2013）。经常性的土地调整不仅会削弱确权在提升农户感知层面土地产权安全的积极作用，而且还会降低农户对确权政策本身效力的信任度，致使其在强化法律层面土地产权安全上的有效性大打折扣。除此之外，个别农户对政府机构不信任，特别是允许政府合法征用土地的法律制度也会降低农户对土地产权安全性的感知（林文声和王志刚，2018）。因此我们猜测，相较于没有经历过土地调整或者土地征用的农户，那些经历过土地调整或者土地征用的农户可能因为已经形成较低的产权安全性感知，而弱化对土地确权政策的制度信任，导致对土地产权稳定的预期不足，确权对其农业生产效率的影响应该较小或者不显著。表5－6的回归结果完全验证了这一推测。可以看到，对于未经历过土地调整或者土地征用的农户，确权在5%的显著性水平上显著促进了其农业全要素生产率增长；而对于经历过土地调整或土地征用的农户，确权对其农业全要素生产率并没有显著影响。这证实了过往的土地调整经历和土地征用经历确实会弱化农户的土地产权稳定性预期，进而影响土地确权政策的实施效果。

表5－6　　　　　　　　按不同事前产权状态回归结果

解释变量	是否发生过土地调整		是否发生过土地征用	
	是 （1）	否 （2）	是 （3）	否 （4）
是否土地确权	－0.039 （0.154）	0.229 ** （0.095）	0.128 （0.180）	0.173 ** （0.085）
家庭特征变量	是	是	是	是
农户固定效应	是	是	是	是

解释变量	是否发生过土地调整		是否发生过土地征用	
	是 （1）	否 （2）	是 （3）	否 （4）
年份固定效应	是	是	是	是
村庄×年份固定效应	是	是	是	是
调整后 R^2	0.312	0.375	0.198	0.377
观测值	354	1164	296	900

注：①"是否发生过土地调整"根据 CLDS 村居问卷中受访者对问题"2003 年至今，村里的土地有几次小调整？"的回答而来；②"是否发生过土地征用"根据 CLDS 村居问卷中受访者对问题"1999 年以来，本村土地是否被政府或企业征用或租用过？"的回答而来；③圆括号内为聚类到村的稳健标准误；④ ** 表示 5% 的显著性水平。

（二）不同经营规模

数据分析发现，样本农户的土地经营规模存在较大差异，个别农户通过土地流转等方式，土地经营面积可以达到几百亩乃至上千亩。由于不同规模农户在土地产权结构①、土地利用强度等方面都存在差异，从而导致土地确权对农业生产效率的影响也可能会因此产生异质性效果。参照史清华和徐翠萍（2007）的划分标准，本章以 15 亩为界将全部样本划分为小规模农户和大规模农户两部分，然后进行分样本回归。从表 5 - 7 列（1）和列（2）可以看出，土地确权只对 15 亩以下的小规模农户的农业全要素生产率有显著促进作用，平均能提高 17.6%；而对 15 亩以上的大规模农户的影响则不显著。考虑到直接划分子样本会有丢失观测值的风险，列（3）进一步引入"是否土地确权"变量与经营规模虚拟变量的交互项进行全样本检验，结果同样表明对于小规模农户，土地确权能够显著提升其农业全要素生产率水平；而对于大规模农户，土地确权的生产率效应并不显著。上述结论与高叙文等（2021）的研究正好相反，一方面可能是因为大

---

① 指自有地所占比例，即承包地面积占家庭经营耕地总面积的比例。

规模农户经营的土地以转入地为主，可以通过签订流转合同的形式来规避地权不稳定对农业经营的负面影响，因此土地确权对其农业生产效率的实际影响不大；另一方面也可能与小规模农户在土地投入方面较大规模农户具有更强的适应性有关（Cornia，1985），能迅速针对政策变动做出合适的调整与及时的反应。①

表 5 - 7　　　　　　　　　　按不同经营规模分组回归结果

解释变量	小规模 （1）	大规模 （2）	全样本 （3）
是否土地确权	0.176 ** （0.067）	0.179 （0.200）	
是否土地确权 × 小规模			0.170 *** （0.064）
是否土地确权 × 大规模			0.150 （0.093）
家庭特征变量	是	是	是
农户固定效应	是	是	是
年份固定效应	是	是	是
村庄 × 年份固定效应	是	是	是
调整后 R^2	0.363	0.080	0.366
观测值	1714	244	2120

注：①大、小规模农户根据家庭经营耕地面积划分，当家庭经营耕地面积超过 15 亩时，定义为大规模农户；小于 15 亩时，即为小规模农户；②圆括号内为聚类到村的稳健标准误；③ *** 表示 1% 的显著性水平。

（三）不同地理区域

中国地域辽阔，不同区域之间不仅农业生产区位条件异质性明显，而且在土地产权制度、土地确权进展等方面也有很大差距，这可能会造成土地确权的政策效果在不同区域之间有所不同。为检验这一点，本章将全部样本按照东部、中部和西部划分子样本，然后进行分组回归。从表 5 - 8 列（1）～

---

① 当然，这还可能与大规模农户的样本量偏少有关。

列（3）可以发现，土地确权对西部地区农户的农业全要素生产率增长具有非常显著的促进作用，就边际效应而言，其他因素不变，土地确权可使得当地农户的农业全要素生产率平均增长 34.9%，且该结果在 5% 的水平上显著；而对东部和中部地区农户的影响则均不显著。列（4）进一步使用虚拟变量交互项的方式区分不同区域并进行全样本回归，结果同样显示土地确权对农业全要素生产率的促进作用仅在西部地区农户样本中显著而稳健存在，而不存在于东部和中部地区。可能的解释是，西部地区由于土地确权进度较快，确权颁证率较高，发挥出了应有的确权效应；而东部和中部地区由于土地确权进度缓慢，确权颁证率相对较低，产权界定的作用尚未完全发挥出来。

表 5-8　　　　　　　　　　　　按不同地理区域分组回归结果

解释变量	东部 （1）	中部 （2）	西部 （3）	全样本 （4）
是否土地确权	0.123 (0.091)	0.028 (0.118)	0.349** (0.142)	
是否土地确权 × 东部				0.126 (0.093)
是否土地确权 × 中部				0.019 (0.121)
是否土地确权 × 西部				0.365** (0.145)
家庭特征变量	是	是	是	是
农户固定效应	是	是	是	是
年份固定效应	是	是	是	是
村庄 × 年份固定效应	是	是	是	是
调整后 R^2	0.451	0.340	0.111	0.368
观测值	968	634	518	2120

注：①根据国家统计局划分标准，东部地区包括北京、天津、河北、辽宁、上海、江苏、浙江、福建、山东、广东和海南；中部地区包括黑龙江、吉林、河南、山西、安徽、江西、湖北和湖南；其余省份为西部地区；②圆括号内为聚类到村的稳健标准误；③ ** 表示 5% 的显著性水平。

（四）不同生产效率水平

截至 2021 年，我们对土地确权政策效果的分析都是基于平均影响效应。然而，由于农户的异质性，不同农户的农业生产效率可能本身就存在差异，而这种差异可能会反过来造成土地确权政策效果的差异。那么，土地确权究竟是更有利于高效率农户的农业生产效率提升，从而进一步拉大农户之间的效率差距，还是将会对低效率农户形成"涓滴效应"，从而有助于促进效率收敛呢？为回答这个问题，本章引入基于再中心化影响函数（recentered influence function，RIF）的无条件分位数回归方法，估计土地确权在不同分位点处对农户农业全要素生产率的边际影响差异。基于 RIF 的无条件分位数回归的核心步骤在于对分位数的再中心化影响函数的构造，可以表示为：

$$RIF(Y;q_\tau) = q_\tau + \frac{\tau - I(Y \leq q_\tau)}{f_Y(q_\tau)} \qquad (5-5)$$

其中，q_τ 是给定变量 Y（这里为农业全要素生产率）的无条件分位数，满足 $F_Y(q_\tau) = \tau$；$I(\cdot)$ 为示性函数；$f_Y(\cdot)$ 是 Y 的密度函数。由于影响函数具有期望为零的特征，因此分位数的再中心化影响函数的期望等于分位数自身，其条件期望为关于自变量的线性函数。故类似于条件均值回归，可以建立关于土地确权与农业全要素生产率关系的无条件分位数回归模型：

$$RIF(\ln TFP_{vht};q_\tau) = \alpha + \beta_\tau Cert_{vht} + \lambda_\tau X_{vht} + \delta_h + \lambda_t + \mu_{vt} + \varepsilon_{vht} \qquad (5-6)$$

其中，$RIF(\ln TFP_{vht};q_\tau)$ 为根据式（5-5）计算的关于分位数 q_τ 的再中心化影响函数的值。不同于传统条件分位数回归的结果只代表被解释变量的条件分布，无条件分位数回归可以分析某个解释变量对被解释变量所有无条件分位的边际效应。因此，利用式（5-6）中参数 β_τ 估计值随分位数变化的分布特征，不仅可以探究土地确权对不同生产效率水平农户影响的差异，而且能够说明土地确权能否促进农户之间的效率收敛。充分考虑参数异质性，我们共选取 10%、25%、50%、75%、90% 这五个具有代表性的分位点。从表 5-9 可以观察到，随着分位点的提高，即农户生产效率水平由低向高演进，关注变量"是否土地确权"的估计系数依次递减，并由显著变为不显著。具体来看，当处于 0.1 分位点时，土地确权能使农业全要素生产率显著提高 42.1%，远高于之前基准回归估得的平均影响效应；而后随着分位点向上移动，土地确权对农业全要素生产率的边际影响效果开始递减，至 0.5 分位点时，已下降至 18%；当进一步增加到 0.75 分位点和 0.9 分位点时，这一影响已变得不再显著。这一方面说明，相较而言土地确权对农业生产效率的促进作用在低效率农户中表现得更为明显；另一方面也从侧面反映出，土地确权有助于缩小农户内部的效率差距，表明土地确权既是保障农业生产效率稳定提升的关键，同时也是促进农业生产效率收敛的重要因素。

表 5 – 9　　　　按不同生产效率水平无条件分位数回归结果

解释变量	q10	q25	q50	q75	q90
是否土地确权	0.421 *** (0.135)	0.368 *** (0.092)	0.180 ** (0.080)	0.064 (0.091)	– 0.003 (0.113)
家庭特征变量	是	是	是	是	是
农户固定效应	是	是	是	是	是
年份固定效应	是	是	是	是	是
村庄×年份固定效应	是	是	是	是	是
调整后 R^2	0.134	0.306	0.319	0.203	0.113
观测值	2120	2120	2120	2120	2120

注：①圆括号内为聚类到村的稳健标准误；② ** 、*** 分别表示 5% 和 1% 的显著性水平。

第五节　稳健性检验

一、工具变量回归

土地确权与农业生产效率的关系可能因多种原因存在内生性问题，导致基准回归产生偏误。其一，样本选择问题。新一轮土地确权通常以县、行政村为单位进行试点，那些较早开始确权的地区有可能是被"精心挑选"的（孙琳琳等，2020），例如，土地越稳定、人地矛盾越小、地界产权越清晰的村庄，更容易被选定为确权试点村庄（程令国等，2016），从而地区的异质性特征也会影响到农户获得土地承包经营权证书的可能性，由此带来样本选择性偏误。其二，土地确权与农业生产效率可能互为因果。例如，农业生产效率越高的地方，由于土地越肥沃、越容易流转出去（陈斌开等，2020），农民对固化土地权利、保护产权的确权颁证的需求较高，从而越可能率先实施确权（陈奕山等，2018）。其三，遗漏变量问题。例如，不同的土地质量可能会混淆我们对农业全要素生产率的估计[①]（Gao et al.，2021），但由于数据不可得而未纳入模型，从而导致估计结果不一致。

为纠正内生性问题，需要为土地确权寻找合适的工具变量。借鉴陈飞和刘宣宣（2021）的研究，我们将"村庄废除农业税时间"作为农户"是否土地确权"的工具变量。农业税的征收制度实现了对农户土地产权的保护。在农业税免除前的"两权分离"大背景下，税费实际上是地租的外在表现形式。而在我国，农业税主要按承包土地面积征收，核实土地是正确贯彻农业税负担政策的前提。因此理论上，农业税废除时间越晚的村庄，其土地边界越明晰，土地纠纷事故发生率越低，确权政策执行的难度越小，越可能率先执行确权[②]，从而农户获得确权证书的概率也就越高。为了保证工具变量在时间维度的变异，同时选取"县域内除该农户外其他样本农户获得确权证书的比例"作为农户"是否土地确权"的另一工具变量。一方面，该工具变量反映了县级相关部门对确权政策执行的彻底性，与样本农户的土地

[①]　虽然在估计生产函数时，我们通过控制村庄—年份层面的固定效应能够在一定程度上缓解不同地区土地质量差异带来的内生性，但无法解决村庄内部的土地质量差异问题（王璐等，2020）。

[②]　相关性检验显示，村庄农业税废除时间与农户获得土地承包经营权证书时间二者呈显著负相关，Pearson 相关系数值为 -0.1207，且在 1% 的显著性水平上显著。

确权状况息息相关，满足工具变量与内生变量相关性的要求；另一方面，由于变量构建过程中剔除了农户自身，与该农户的农业生产行为相关性较小，符合外生性假定（黄斌和高强，2021）。由于本章使用的是两期面板数据，为反映县域层面确权政策的实施在不同村庄、不同时间产生的差异影响，将"村庄废除农业税时间"和"县域内除该农户外其他样本农户获得确权证书的比例"的交乘项作为内生变量"是否土地确权"的最终工具变量。

面板工具变量的两阶段最小二乘（2SLS）估计结果由表5-10给出。列（1）报告的第二阶段回归结果显示，在使用工具变量对潜在的内生性进行校正后，土地确权依旧在5%水平上显著促进了农业全要素生产率增长，与基准回归结果一致，说明土地确权的选择效应并没有严重地影响到本章结论的稳健性。① 列（2）报告的第一阶段回归结果显示，工具变量"村庄废除农业税时间×县域内除该农户外其他农户的确权比例"的估计系数在1%水平上显著，且一阶段F统计量远大于经验法则建议的临界值10，说明工具变量与内生变量之间具有较强的相关性。列（3）报告的半简化式回归结果显示，在控制了内生变量"是否土地确权"后，工具变量对农业全要素生产率没有显著影响，说明工具变量同时满足外生性要求，是相对理想的工具变量。

表5-10　　　　　　　面板两阶段最小二乘回归结果

解释变量	面板2SLS回归（1）	第一阶段回归（2）	半简化式回归（3）
是否土地确权	0.245** (0.096)		0.126 (0.125)
工具变量		-0.024*** (0.002)	-0.003 (0.004)

---

① 事实上，DWH内生性检验的概率p值为0.6096，在10%或更低显著性水平上都不能拒绝"所有解释变量均为外生"的原假设，意味着基准模型的内生性问题并不严重。

续表

解释变量	面板 2SLS 回归 （1）	第一阶段回归 （2）	半简化式回归 （3）
家庭特征变量	是	是	是
农户固定效应	是	是	是
年份固定效应	是	是	是
县域×年份固定效应	是	是	是
一阶段 F 统计量		186.953	
调整后 R^2		0.051	0.368
观测值	2036	2036	2036

注：①由于选取的工具变量来自村庄层面，为避免产生多重共线性问题，面板 2SLS 估计时将村级时间趋势调整为县级时间趋势；②废除农业税时间变量通过村庄调查问卷中"请问你们村在哪一年废除农业税？"问题的回答获得；③圆括号内为聚类到村的稳健标准误；④ ** 、 *** 分别表示 5% 和 1% 的显著性水平。

二、双重差分估计

新一轮土地确权延续了我国一贯采用的"先试点、后逐步铺开"的递进式改革思路，这必然使得某一时点上一些农户会受到土地确权政策的影响，而另一些农户则不受影响，这为我们构造"准自然实验"[①]并采用双重差分（DID）模型进行估计创造了条件。其基本原理是，将一项特定的政策视为准自然实验，通过比较政策前后变动对处理组与对照组的影响之差，来剔除掉不随时间变化且不可观测到的混淆因素，将政策的处理效应从中剥离出来。基于 DID 模型思路，我们设定 2014 年为政策发生前，删除截至 2014 年已经领取到土地承包经营权证书的农户样本，仅保留 2014 年尚未获得证书的样本，从而严格界定 2016 年为政策发生后。由此，土地

---

　　① 另外，不同于国外由农户自主提出确权申请，中国的土地确权是一种"自上而下"的改革行动，通常以县、行政村或村小组为单位统一展开。因此，不同地区之间的土地确权进度差异很大程度上是源于外生制度，而非农户个体对确权政策的内生需求，这也使得本章设计更为贴近"准自然实验"要求。

确权对农业生产效率的政策影响可通过如下模型进行估计：

$$\ln TFP_{vht} = \alpha + \beta Cert_{vht} + \lambda X_{vht} + \delta_h + \lambda_t + \mu_{vt} + \varepsilon_{vht} \qquad (5-7)$$

$$Cert_{vht} = Treat_{vh} \times Post_t \qquad (5-8)$$

其中，交互项 $Cert_{vht}$ 为我们感兴趣的双重差分变量，$Treat_{vh}$ 代表村庄 v 中农户 h 是否领取到土地承包经营权确权证书，为便于采纳 DID 模型，我们对截至 2016 年依然尚未获得土地承包经营权证书的农户赋值 $Treat_{vh}=0$，对在 2016 年已领取到土地承包经营权证书的农户赋值 $Treat_{vh}=1$；$Post_t$ 表示时期分组变量，2014 年取值为 0，2016 年取值为 1，以便考察处理组和对照组的农业全要素生产率在时间维度的变化；系数 β 即为双重差分估计量，表示剔除其他干扰因素后，土地确权对农户农业全要素生产率的平均影响程度。表 5-11 列（1）和列（2）报告了 DID 模型的回归结果。其中，列（1）未控制家庭特征，列（2）在列（1）的基础上加入了家庭特征变量。可以看到，两个回归中双重差分变量"是否土地确权 $\times Post$"均至少在 10% 水平上保持显著为正，说明在使用 DID 模型有效控制非观测因素的影响后，土地确权对农业全要素增长依然具有显著的促进作用，进一步证实了基准回归模型结果的稳健性。

需要指出的是，DID 模型尽管并不要求确权农户和未确权农户随机分配，但须满足平行趋势假定（parallel trend assumption），即在土地确权政策实施之前，处理组和对照组之间的农业生产效率没有显著差异。这一假定通常不易满足。我们引入倾向得分匹配（PSM）方法，通过为每个已领到土地承包经营权证书的农户匹配与之特征相似但尚未取得土地承包经营权证书的农户，从而保证处理组农户和对照组农户在政策发生前具有同质性，以尽可能满足平行趋势。估计倾向得分的二元 Logit 模型形式为：

$$Probit(Treat_h = 1) = \alpha + \beta Z_{h1} + \mu_i \qquad (5-9)$$

其中，$Probit(Treat_h = 1)$ 表示农户 h 获得土地承包经营权证书的概率（即倾向得分）；Z_{h1} 为一组用于匹配的协变量。由于确权农户和未确权农户在家庭和村庄层面均可能存在异质性，故匹配变量应尽可能全面包括农户和村庄特征信息（李江一等，2021）。结合已有研究和数据的可得性，本章选取以下变量作为匹配变量：一是家庭特征变量，包括家庭中男性成员比例、家庭成员平均年龄及其平方项、家庭中未上过学人口比例、家庭中健康人口比例、家庭中老人和小孩比例、是否党员户、是否获得农业生产补贴；二是村庄特征变量，包括自然村数量、村民小组数量、村户数、村耕地面积、2003 年以来是否调整过土地、第一大姓人口比例、办公经费中上级财政支付比例、有无非农业经济、村企数量、村人均年收入、距最近乡镇政府/街道的距离、村支书年龄和教育程度。此外，为了满足条件独立性（CIA）假设，匹配变量要求能够同时对农户是否获得土地承包经营权证书和农业全要素生产率产生影响，但其不会受到土地确权政策实施的影响。为此参考李江一等（2021）的做法，我们对上述匹配变量的取值均选择基期的数据加以度量，即使用第 1 期（2014 年）的社会经济统计信息来预测农户 h 在第 2 期（2016 年）获得土地承包经营权证书的概率。

在估计得到倾向得分后，即可据此为处理组寻找最佳匹配对象。考虑到本章处理组样本较少，可选的配比样本相对较多，匹配方法选用无放回降序 1∶1 最近邻匹配，匹配范围限定在具有共同支撑（common support）的样本中。最终成功匹配 960 个农户，处理组与对照组样本各占 50%。配对成功后，需要检验匹配的有效性。卡连多和科佩尼格（Caliendo and Kopeinig，2008）指出，与匹配前相比较，匹配后变量对项目参与概率的解释力越差（即基于匹配后样本估计的 Logit 模型的 Pesudo – R^2 越低、解释变量的联合显著性检验越差），则意味着匹配质量越高。罗森鲍姆和鲁宾（Rosenbaum and Rubin，1985）则认为，匹配之后，如果协变量在两组样本之间的标准化偏差大于 20%，则意味着该匹配过程失败。从表 5 – 11 下半部分报告的匹配平衡性检验结果可以看出，在匹配后，Pesudo – R^2 值从匹配前的 0.062 下降为 0.021，解释变量联合显著性检验（LR 检验）从匹配前的高度显著变成不显著，标准化偏差均值从匹配前的 9.8% 下降到 4.8%。这些结果意味着，匹配后的处理组与对照组已经基本不存在统计上的显著差异，匹配结果较好。

表 5 – 11　　　　　　　　　　　双重差分模型估计结果

解释变量	DID (1)	DID (2)	PSM – DID (3)	PSM – DID (4)
是否土地确权 × Post	0.183 * (0.092)	0.189 ** (0.092)	0.227 ** (0.114)	0.252 ** (0.122)
家庭特征变量	否	是	否	是
农户固定效应	是	是	是	是
年份固定效应	是	是	是	是
村庄 × 年份固定效应	是	是	是	是
调整后 R^2	0.176	0.172	0.138	0.150
观测值	914	910	590	590
Pesudo – R^2（匹配前后）			0.062 (0.021)	
LR chi^2（匹配前后）			100.97 (24.80)	
$p > chi^2$（匹配前后）			0.000 (0.256)	
标准化偏差均值（匹配前后）			9.8 (4.8)	

注：①圆括号内为聚类到村的稳健标准误；② * 、 ** 、 *** 分别表示 10% 、5% 和 1% 的显著性水平。

表 5 – 11 列（3）和列（4）报告了使用匹配成功的样本重新进行 DID 估计的结果。可以看到，在使用 PSM 方法对模型可能存在的选择性偏误进行克服后，不管有没有加入家庭特征变量，土地确权对农业全要素生产率的影响都在 5% 的显著性水平上为正，与基准回归结果一致，再次表明本章结论稳健。

三、其他稳健性检验

为保证研究结论的可靠性，我们继续从以下四方面进行稳健性测试。

一是更换生产效率测度指标。如前文所言，农业生产效率是一个多维度综合性的概念。为避免单一指标测度对实证结果稳健性的影响，我们将被解释变量依次替换为土地生产率、劳动生产率等单要素生产率指标和反映相关技术利用状况的生产技术效率指标，然后重新进行回归，结果报告于表5-12列（1）~列（3）。其中，列（1）的被解释变量为土地生产率，采用亩均种植业经营收入（取自然对数）表示；列（2）的被解释变量为农业劳动生产率，采用单位农业劳动力创造的种植业经营收入（取自然对数）来衡量；列（3）的被解释变量为农业生产技术效率，采用包含时间趋势的 Cobb-Douglas 随机前沿生产函数模型估计得到①。可以看到，不同生产率测度指标均一致证实土地确权会显著促进农业生产效率提高。具体来讲，其他因素不变，土地确权可使得农户的土地生产率提高21.2%，农业劳动生产率提高17.5%，农业生产技术效率提高15.6%，上述结果均至少在10%的水平上显著。这说明本章结论并不会随农业生产效率测度指标的变化而发生实质性改变，具有稳健性。

二是替换核心解释变量。如前文所述，CLDS 数据中只有家庭问卷含有确权的信息。依理而论，如果某个家庭已领到土地承包经营权证书，则该家庭所在的村庄也应当已经完成确权。但是从数据中看，同一个村庄中既有回答已领到证书的，也有给出否定答案的。这一方面与同一村庄内部不同农户之间的确权颁证进度存在差异有关，另一方面也可能是部分农户误报所致（汪险生和李宁，2019）。因此，直接使用家庭层面的确权信息可能会带来测量误差。为稳健起见，我们使用村庄确权率，即村庄中回答已领到土地承包经营权证书的家庭所占的比重作为衡量土地确权的替代指标。表5-12中列（4）展示的回归结果显示，村庄确权率至少在10%的显著性水平上促进了农户农业全要素生产率的增长，说明本章结论对核心解释变量的不同测度方式同样具有稳健性。

---

① 其中投入产出变量与前文设定保持一致，估计时同时控制了村庄固定效应，即假设农户的生产前沿会随着样本村的不同而移动。利用随机前沿模型测算的农业生产技术效率取值介于0~1之间，我们对其进行 Logit 变换，再对变换后的效率值 $\lfloor \log[p/(1-p)] \rfloor$ 进行回归。

表 5 – 12   其他稳健性检验结果

解释变量	土地生产率 （1）	劳动生产率 （2）	技术效率 （3）	替换核心解释变量 （4）	xtfesing 估计 （5）
是否土地确权	0. 212 ** （0. 092）	0. 175 * （0. 091）	0. 156 *** （0. 057）		0. 127 ** （0. 058）
村庄确权率				0. 495 * （0. 284）	
家庭特征变量	是	是	是	是	是
农户固定效应	是	是	是	是	是
年份固定效应	是	是	是	是	是
村庄×年份固定效应	是	是	是	是	
调整后 R^2	0. 396	0. 555	0. 142	0. 374	
观测值	2208	2202	2120	2208	3299

注：①由于"村庄确权率"为村级层面的变量，为避免多重共线性问题，在对列（4）进行回归时将村级时间趋势调整为县级时间趋势；②圆括号内为聚类到村的稳健标准误；③ * 、 ** 、 *** 分别表示10% 、5%和1%的显著性水平。

三是变换估计方法。本章将农业生产效率下沉到农户层面，通过控制农户固定效应较好地缓解了遗漏变量偏误问题，但这同时也会损失那些样本期内只存续一期观测值的样本。为了更好地处理固定效应模型中的单期数据，避免自由度损失，我们引入由马加齐尼等（Magazzini et al. ，2020）开发的 xtfesing 命令。该命令是在 GMM 框架下构建的，允许在固定效应模型中使用一期数据样本，以提高估计效率。结果如表 5 – 12 列（5）所示。同质性假设检验显示，无论是基于 Hansen 的同质性检验还是基于回归的同质性检验①都在1%的显著性水平上拒绝了"面板和单期 OLS 估计的偏差相同"的原假设，说明控制损失的那些一期观测值样本在系数估计上并未起到实质性的贡献。与基准回归相比，核心解释变量"是否土地确权"依旧保持在5%的显著性水平上正向显著，且标准误的变化不大，说明使用 xtfesing 估计的效率提升有限，基准回归结果可信。

---

① 基于 Hansen 的同质性检验 J 值为 41. 25，伴随概率 p 值为 0. 000；基于回归的同质性检验 F 值为 3. 84，伴随概率 p 值为 0. 000。

四是安慰剂检验。影响农业生产效率的因素众多，为了有效排除其他政策或随机性因素对农户农业生产效率的变动造成影响，借鉴苗海民和朱俊峰（2021）的思路，进行如下安慰剂检验。首先，从全部样本中随机抽取相同数量的农户作为"伪"处理组（各年份入选"伪"处理组的农户数量与真实情况中的农户数量保持一致），而将剩余的农户样本作为对照组，由此生成"虚假"土地确权变量；其次，用生成的"虚假"土地确权变量替代原变量，代入基准模型重新进行双向固定效应估计。由于"伪"处理组系随机产生，理论上"虚假"土地确权变量将不会对被解释变量农业全要素生产率产生影响，其回归系数应该接近于0。为提高安慰剂检验的可识别能力，我们将上述随机过程重复800次。从图5-2给出的安慰剂检验结果可以发现，基于随机样本估计得到的"虚假"土地确权变量的系数值基本都分布在0附近，表明上述构造的虚拟处理效应并不存在，从而排除了其他未观测因素影响估计结果的可能，反推出农户的农业全要素生产率水平的提升只存在于真实土地确权政策实施以后，本章识别策略有效。

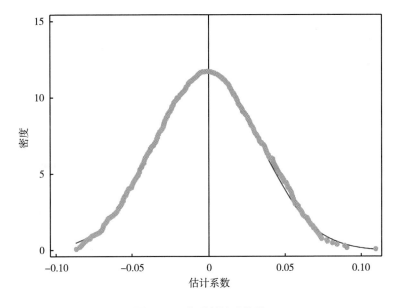

图5-2 安慰剂检验结果

第六节 本章小结

作为一种全局性制度变革，新一轮土地确权从试点到全面推开再到进入尾声，已历经十余年，但其实施绩效尤其是对农业生产效率的影响尚未得到充分探讨。本章利用中国劳动力动态调查（CLDS）2014年和2016年两轮的追踪数据，使用面板双向固定效应模型，实证分析土地确权与农业生产效率的因果关系，并检验其影响传导机制。研究发现如下六点结论。

第一，新一轮土地确权显著提高了农户以全要素生产率衡量的农业生产效率水平，工具变量法、双重差分及倾向得分匹配—双重差分估计和其他一系列稳健性检验证实了估计结果的稳健性。

第二，机制分析发现，确权激励下的农户农业生产效率提升主要源自地权稳定的直接激励效应以及由此带来的资源配置效率改进两个方面：即土地确权一方面通过有效激励农户增加土地、资本和劳动力等要素投入，从而提高农业生产效率；另一方面通过促使土地的有效率流转和农业生产的专业化分工，从而促进资源配置效率改善，进而提升整体农业生产效率。

第三，土地确权对农业生产效率的影响表现出情境依赖性，农户过往的土地调整经历和土地征用经历在其中起到重要调节作用。其中，对于没有发生过土地调整或者土地征用的村庄，土地确权能够显著提高当地农户的农业生产效率；而对于发生过土地调整或者土地征用的村庄，土地确权对其农户的农业生产效率并不产生显著影响。

第四，土地确权对农业生产效率的影响还受到农户土地经营规模的调节，相较于大规模农户，土地确权对经营耕地面积在15亩以下的小规模农户的农业生产效率具有更显著的促进作用。

第五，土地确权对农业生产效率的影响存在区域异质性，显著促进了西部地区农户的农业生产效率提高，而对东部和中部地区农户农业生产效率的影响不显著。

第六，土地确权对农业生产效率的影响表现出"涓滴效应"，对低效率组农户的农业生产效率的促进作用要显著大于高效率组的农户，从而有助于缩小农户间的农业生产效率差距，促进农业生产效率收敛。

第六章

土地确权与农户
生计转型

第一节 引言

实施乡村振兴战略，是党的十九大作出的重大决策部署。全面推进乡村振兴，让农业更强、农村更美、农民更富，已然成为未来很长一段时期内党和国家在"三农"工作领域的重大战略任务（陈文胜和李珊珊，2022）。农户作为农村地区最基本的社会经济单元和微观经营主体，其生计问题是乡村振兴的核心问题之一。在乡村振兴战略背景下，如何提升农户生计水平，让农户生计稳定、有韧性地高质量发展，就成为一个值得关注也亟待回答的重要问题。自社会主义市场经济体制确立以来，随着市场化、工业化与城市化的深入发展，越来越多农户的生计策略也随之发生转型，从传统的"以农业生产为主的生计策略"转向"生计多样化"和"优势生计"的发展方向，家庭生计的非农化倾向渐趋明显（焦娜和郭其友，2020）。根据国家统计局数据，1998～2022 年，全国层面农村居民人均可支配工资性收入占家庭可支配收入的比重已由 26.30% 提高到 42%，而与此同时，来自农业经营收入的比重已下降至 21% 左右。可以预见，农户生计策略的非农化转型将成为我国农业农村发展的必然趋势。

农户的生计策略选择受内外部多重因素影响，其中生计资本是影响农户生计转型最为重要的内在因素（周丽等，2020）。长期以来，土地作为农户赖以生存的基本生产资料，也是农户最重要的生计资本。土地、劳动力和资本的不同配置方式构成了农户不同的生计策略。而土地产权制度作为中国农村经济运行的最基本制度，其所包含的约束因素不仅会直接影响农户对土地资源的配置，还会因为外部性影响劳动力等相关要素的配置，进而影响农户生计策略的选择，促进生计方式的转型。过去二十年间，中国农村土地产权制度安排的一个显著特征是土地产权的残缺和不稳定（程令国等，2016）。这不仅导致了农村经济社会中的潜在效率损失，如阻碍农业长期投资（Ghebru and Holden，2015），而且不利于农村土地流转市场培育（Holden and Yohannes，2002），使具有较大资产价值的土地长期沦为一种"沉睡资产"，农户"只得其用、不得其价"，最终因发展资本不足而陷入传统单一生计的"内卷化"状态。

为适应现代农业发展要求，建立完备的农村土地产权制度，从 2009 年开始，农业部在前两轮土地确权的基础上，组织开展了新一轮的农村土地确权登记颁证试点工作，并于 2011 年会同财政部等六部门联合会印发《关于开展农村土地承包经营权登记试点工作的意见》，要求每个省选 1~3 个县（市、区）开展试点，可先在若干乡、村先行试验，再扩展到全县（市、区），对新一轮土地确权登记颁证试点工作做出具体安排部署。在前期试点基础上，2013 年中央一号文件《中共中央 国务院关于加快发展现代农业 进一步增强农村发展活力的若干意见》提出"全面开展农村土地确权登记颁证工作"，正式在全国范围内掀开了新一轮土地确权改革的序幕。相比前两轮确权，新一轮土地确权进一步强调土地"所有权、承包权和经营权"三权分置，在强化土地产权保护的同时，允许土地承包经营权入股和融资担保，赋予农民更多的土地财产权益。大量文献从宏观和微观两个维度对本轮确权的经济效应进行了探讨。其中，宏观维度的研究主要关注土地确权的总体影响，集中于减贫、收入、效率和农业发展等主题；微观维度的研究则主要关注土地确权对要素流动及其影响下的结构效应，例如劳动力转移、土地流转、规模经营以及分配、性别、公平和健康等社会问题（罗必良，2022）。

鲜有研究关注土地确权对农户生计转型的影响。乡村振兴的本质就是农户振兴，农户振兴的根本则是农户生计转型升级（张军以等，2022）。而土地作为农户最重要的生计资本，既是他们赖以生存的"命根子"，也是承载着发财希望的"钱袋子"。因此，任何关于土地的制度改革，都会触动农民的敏感神经，引起其生计方式的变化。而土地确权作为激活农村土地这一重要发展要素的基础性政策，理论上通过颁发土地承包经营权证书的方式，赋予农户更多配置自身要素的自由选择权，有助于农户根据自身的禀赋和技术条件，从事能够最大化要素配置价值的经济活动。这势必会引起农户生计活动的种类、构成的变化，进而导致农户生计结果的差异。但目前较少文献直接回应以上问题。从国际经验来看，许多发展中国家都把土地确权登记作为发展农村经济和保障农户生计能力的重要手段（Higgins et al.，2018；Abdillah and Manaf，2022）。就国内实践而言，虽然一些研究表明土地确权对农户的农业型生计策略选择有着重要影响（李星光等，2019），并有助于缓解农户多维相对贫困状况和贫困脆弱性（刘魏和王小华，2020；许恒周等，2022），促进农户家庭增收（杨宏力和李宏盼，2020；武丽娟，2022；黎毅和罗剑朝，2022），但专门探讨土地确权对农户生计转型尤其是非农转型影响的研究并不多见。随着新一轮土地确权改革进入尾声，其制度效力将逐步得到发挥。那么在"后确权"时期，土地确权将会如何引起农户生计策略的变化，就迫切需要更为科学的方法和数据进行评估。这不仅可以为检验产权与经济发展的关系提供来自中国土地产权改革的经验证据，而且也能够为乡村振兴背景下如何发挥土地确权的制度红利、促进农户生计转型提供政策启示。

相比于已有文献，本章可能的创新之处体现在：一是研究视角方面，从产权改革与农户生计的关系出发，尝试构建土地确权与农户生计转型的内在联系，并结合产权的经济效应，从"人地钱"三要素出发探讨土地确权促进农户生计转型的作用机制；二是研究内容方面，考虑到创业本质上也是可持续生计分析框架所揭示的农户生计策略的一种，本章从农户创业角度[①]，对土地确权影响农户生计转型的效果和机制进行检验，有助于拓展新一轮

---

① 农户创业主要包括涉农创业和非农创业，由于家庭农业经营行为属于自我雇佣，本章中的农户创业仅指非农创业。

土地确权改革对农户福利水平的影响；三是研究方法方面，综合采用倾向得分匹配（PSM）克服样本选择偏差和内生转换概率（ESP）模型处理内生性问题，研究结论更为严谨。

理论分析

土地产权制度是农户行为变化的内生变量。而作为土地产权制度的基础性内容，土地确权能够通过经济效应的释放，进而引起农户行为的变化。贝斯利（Besley，1995）、贝斯利和加塔克（Besley and Ghatak，2010）的理论研究为分析土地产权对农户行为的影响提供了基本的分析框架，他们的研究指出，界定清楚、保护严格的土地产权制度可以从四个方面影响农户行为：一是降低土地交易过程中的成本，进而促进土地流转或交易；二是减少用于保护土地产权的劳动力投入，从而分配劳动力至更有效率的生产部门；三是使土地易于抵押，进而帮助农户获取银行信贷；四是减少农户从事农业生产时的短视行为，促进农业长期投资。对于农户生计非农转型而言，土地确权带来的影响主要体现在前三个方面，即通过促进土地流转、劳动力配置和融资贷款，直接影响农户家庭要素资源配置和职业分化，并映射到农户生计，使其发生转型。

一、土地确权、土地流转与农户生计转型

土地作为农户最核心的家庭资产，不仅是农户获取经营性收入的重要来源，而且依附于土地上的社会、政治、经济与文化关系网，更是农户维持可持续生计的关键资源（Scheyvens et al.，2017）。土地确权推动了土地

流转市场的发展，为农户自发进行土地经营权的再分配，以实现家庭生产要素的合理配置，并完成家庭生计转型提供了重要保障。正如巴雷特等（Barrett et al.，2001）指出，土地市场和雇佣劳动力市场的缺失解释了为何一个在非农就业上具有比较优势的农户要花费稀缺的时间从事农业生产；当存在土地市场时，农户可以将土地出租或卖掉。因此，土地流转市场的发展对农户家庭生计转型有着至关重要的作用。而土地确权颁证从制度和法律层面赋予了农户土地承包权经营权等相关权利，通过清晰界定农户承包地的物理边界和产权边界，将外部性内部化，有助于明晰土地权属关系结构，提高土地产权强度，降低交易成本，从而促进土地流转市场发育（郑淋议等，2020），使农户可以更自由地转向其他生产领域，为农户打破固有生计格局，以生计资本整合为纽带，寻求新的合适替代生计，进而完成生计策略的重新选择提供了可能（张仕超等，2018）。

二、土地确权、家庭劳动分工与农户生计转型

土地确权还影响农户的就业选择，促使拥有不同资源禀赋的农户发挥自身比较优势，进而影响其生计转型。在实践中，农户倾向于通过家庭分工来实现生计策略的多样化，这不仅能够使部分家庭成员通过农业生产持有最低生活保障，也能使能力较强的其他成员通过非农就业增加收入（张莎莎和郑循刚，2021）。因此，家庭劳动分工是农户生计转型的基础。长期以来，土地产权不稳定是制约中国农村劳动力非农转移的重要因素（刘晓宇和张林秀，2008）。土地确权通过清晰界定农地的物理边界和产权边界、颁发具有法律效力的产权证书，增强了农户土地产权的安全性和稳定性，使其不用再担心因从事非农活动而失去土地，从而可以放心地转向非农生计活动（De Janvry et al.，2015）。但是，土地确权后，土地产权安全性和稳定性的增强使得农户对持有土地的长期前景更有把握，从而可能会

激励农户增加对农业生产的劳动投入（胡骞文等，2023），而相应减少对非农生计活动的参与（李星光等，2019；王小龙等，2020；郑淋议等，2020；Zhao and Guo，2022）。因此，土地确权通过家庭劳动分工促进农户生计转型的影响方向并不确定。

三、土地确权、信贷可得性与农户生计转型

信贷约束是制约农户生计转型的关键因素。通常情况下，无论农户进行何种生计活动，都需要通过贷款为其提供必要的资金支持。土地作为农民最主要的资产，由于具有不可移动性、租金预期趋升以及不易受破坏等特性，对于正规金融机构来说也是最为有效的抵押品（Feder and Nishio，1998）。但一直以来，囿于农村土地产权的模糊界定，农村土地难以发挥其资产属性，普遍成为"沉睡的资产"（De Soto，2000）。土地确权赋予土地经营权抵押融资权能，并为农户提供了可用于抵押的土地证明，降低了正规金融机构识别正式产权的成本，提高了土地作为抵押品的价值，使得农户可以利用土地经营权作为抵押品从正规金融机构申请贷款，在一定程度上扩大了农户的融资和贷款渠道（Ali et al.，2014），有助于纾解农户在非农业生产经营过程中的资金压力（Piza and Mauricio，2016；米运生等，2018），提高农户生计转型的可能性。

 第三节 数据、变量与实证策略

一、数据来源

本章用于分析的数据来源于前文提到的西南财经大学中国家庭金融调

查与研究中心开展的中国家庭金融调查（CHFS）。该调查每两年开展一次，样本覆盖了全国除西藏、新疆和港澳台地区外的 29 个省（区、市）。其中，2015 年调查样本规模包含上述 29 个省（区、市）、351 个县（市、区）、1396 个村（居）委会的 37289 户家庭，数据在全国、各省及各副省级城市均具有代表性。问卷调查内容包括基本的人口统计学特征、就业与工资、收入和支出、社会保障与保险、农业生产经营及工商业生产经营情况等。特别地，相比于其他调查数据库，2015 年 CHFS 调查不仅详细询问了每家农户自新一轮土地确权工作开展以来的土地经营权证书颁发情况，而且进一步收集了具体的颁发时间，可以在识别土地确权变量方面更为准确。

根据研究目标，本章主要使用 2015 年的 CHFS 数据[①]进行变量处理和样本筛选。具体的数据处理流程如下：第一，因土地确权为归属于农村地区的经济改革，故剔除城镇地区的样本，仅保留农村地区样本；第二，为了避免新一轮土地确权与前几轮的土地确权改革相混淆，剔除 2009 年以前就已经取得土地经营权证书的样本。经过数据筛选，最终获得 9923 个有效农户家庭样本。[②]

二、变量定义

（一）被解释变量

本章的被解释变量为农户生计转型。所谓生计转型，是指在所处的自然环境、社会经济环境、自身可行能力（包括生计资本及获得生计资本的

---

① 农户生计转型是一个动态过程，对一个农户而言，在不同的时间节点有不同的生计策略；但对于某一时期调查的农户，不同农户可能采取不同的生计策略。因此，在同一个时间节点，采用不同生计策略的农户可以认为他们处于不同的转型阶段（王娟等，2014），故可以使用横截面数据来分析土地确权对农户生计转型的影响。

② 因部分变量存在缺失值，各个模型的有效样本会有所差异。

途径、行动等）及需求发生变化时，农户主动或被动改变原有生计，并形成区别于旧有生计的新生计的过程（张军以等，2022）。农户生计转型的根本是农户生计策略的转变（王娟等，2014），其结果直观表现为农户家庭生计来源、生产生活方式以及家庭成员职业类型的变化，一般可分为生计非农型、农业兼业型和农业专业型三类（彭文龙等，2022）。考虑到现阶段中国农户的生计转型集中体现为农户对农业生产与土地的依赖性逐渐弱化，农户赖以生存和生活的职业或产业开始由农业主导型向非农型转变（焦娜和郭其友，2020），本章将农户生计转型限定为由传统的农业生计向非农业生计的转变。对于农户生计非农转型程度的量化，已有研究通常采用非农收入占比、非农就业劳动力（或时间）占比等。考虑到非农创业既是农村劳动力非农就业的重要组成部分，也是就业的最高形式，我们根据家庭是否从事工商业生产经营来识别农户是否发生了由传统农业生计向非农业生计的转型。针对 CHFS 问卷对受访户的提问"目前，您家是否从事工商业生产经营项目，包括个体户、租赁、运输、网店、经营企业等？"，将农户生计非农转型设置为二元离散变量：当答案为"是"，认为存在非农化生计转型，取值为 1；当答案为"否"，则认为未发生非农生计转型，取值为 0。

（二）核心解释变量

本章的核心解释变量为土地确权。CHFS 调查对土地确权的信息识别到家庭层面，对应问卷中的问题"您家土地是否取得土地经营权证书？"。若被调查者回答"是"，则标记为已确权样本，赋值为 1；若被调查者回答"否"，则标记为未确权样本，赋值为 0。由于本章重在考察新一轮土地确权对农户生计转型的影响，而该政策最早于 2009 年在部分地区开始零星试点，2013 年起全国推进，为确保我们定义的土地确权一定是新一轮的土地确权，我们将已确权农户限定为 2009 年以来取得土地经营权证书的农户，未确权农户则是截至 2015 年调查时仍未领取到土地经营权证书的农户。

（三）控制变量

为了避免遗漏变量偏误，还需要对那些可能影响农户生计非农转型的其他因素进行控制。由于农户生计策略选择更多的是一个家庭决策（黎洁等，2010），因而本章主要从家庭层面来设置相关变量，包括男性家庭成员比例、家庭成员平均年龄（及其平方，生命周期假说）、家庭中小学以上教育程度人口比例、家庭中小孩比例、家庭中老人比例、是否村干部户、是否党员户、亲戚个数、是否参与家族祭祖活动、是否有电脑。另外，为了排除不可观测的政策、地方特质等因素的影响，我们还加入了省份虚拟变量。表 6 - 1 给出了本章研究所使用全部变量（省份虚拟变量未列）的具体定义与基本描述统计信息。

表 6 - 1   变量定义与描述统计

变量名称	变量定义或测度	观测值	均值	标准差
是否从事工商业生产	是 = 1，否 = 0	9903	0.109	0.311
是否土地确权	是 = 1，否 = 0	7734	0.331	0.471
男性家庭成员比例	家庭中男性人口数/总人口	9903	0.525	0.177
家庭成员平均年龄	家庭成员年龄总和/总人口的自然对数	9903	3.747	0.323
家庭成员平均年龄平方	家庭成员平均年龄平方的自然对数	9903	14.148	2.432
小学以上教育程度人口比例	家庭中小学以上教育程度人口/总人口	9903	0.699	0.276
小孩比例	家庭中小孩数/总人口	9903	0.031	0.078
老人比例	家庭中老人数/总人口	9903	0.210	0.318
是否村干部户	是 = 1，否 = 0	9903	0.045	0.207
是否党员户	是 = 1，否 = 0	9903	0.153	0.360
亲戚个数	在本城市/村庄有血缘关系的亲戚个数	9888	2.692	1.113
是否参与家族祭祖活动	是 = 1，否 = 0	9890	0.751	0.432
是否有电脑	是 = 1，否 = 0	9899	0.243	0.429
未来是否打算从事工商业生产	是 = 1，否 = 0	8512	0.099	0.299

续表

变量名称	变量定义或测度	观测值	均值	标准差
是否从事农业生产	是 = 1，否 = 0	9903	0.713	0.452
是否在第 2 期从事工商业生产	是 = 1，否 = 0	7261	0.059	0.236
是否转出土地	是 = 1，否 = 0	8037	0.139	0.347
非农就业比例	从事非农工作成员数/家庭总成员数	9903	0.223	0.249
是否获得贷款	是 = 1，否 = 0	9858	0.046	0.210

注：①"工商业生产经营项目"包括个体小手工业经营和企业经营等；②小孩指年龄在 6 岁以下的家庭成员，老人指年龄在 65 岁及以上的家庭成员，村干部户指有家庭成员担任村干部，党员户指家庭成员中有中共党员。

三、实证策略

（一）农户生计转型决策模型

本章的核心议题是检验土地确权是否促进了农户生计策略的非农化转型。由于被解释变量农户生计转型是一个 0 - 1 形式的二值虚拟变量，我们建立如下形式的 Logit 模型进行估计：

$$\ln\left(\frac{p_{sh}}{1-p_{sh}}\right) = \beta_0 + \beta_1 Cert_{sh} + \beta_2 X_{sh} + \delta_s + \varepsilon_{sh} \qquad (6-1)$$

其中，s 表示省份，h 表示农户；p_{sh} 表示位于省份 s 的农户 h 选择非农生计策略的条件概率；$Cert_{sh}$ 是我们感兴趣的核心解释变量，表示农户 h 是否领取到土地经营权证书，是则为 1，否则为 0；X_{sh} 为一系列可能影响农户生计转型的家庭特征变量；δ_s 为省份固定效应，用于控制无法观测的地域差异对农户生计转型的影响；ε_{sh} 为随机误差项，考虑到新一轮土地确权普遍以村组为单位进行，土地确权进度在同一村庄农户间的差异较小，而在不同村庄之间则存在较大异质性，我们将标准误聚类到村庄层面；β 为待估计参数（向量），其中我们重点关心的系数是 β_1，我们预期该系数的符号为正。

（二）反事实分析框架与倾向得分匹配方法

然而，新一轮土地确权试点的地点和时间并非是随机挑选的结果，而是在一定的政策意图下，上级政府、村干部、农户各方综合权衡选择的结果（陈奕山等，2018）。这意味着，农户样本并非是被随机地分配到确权组和未确权组的，因而难以保证组别之间有相同的属性分布。此时，直接对式（6-1）进行估计可能会出现非随机分配所导致的估计偏误（胡新艳和罗必良，2016）。为克服样本的选择性偏误，我们引入倾向得分匹配法（PSM）进行稳健估计。其基本思想是通过创造一个随机实验条件，在多个协变量维度上将确权户（处理组）与未确权户（对照组）进行匹配，使得匹配后的两个样本除土地确权状态不同外，其他特征均基本相同，此时两样本的结果变量可视为同一农户两次不同实验的结果，其结果变量的差值即为土地确权对农户生计非农转型的净影响。依据罗森鲍姆和鲁宾（Rosenbaum and Rubin，1985）提出的反事实分析框架，处理组的平均处理效应（average treatment effect on the treated，ATT）可以定义为：

$$ATT = E(Y_{hm} \mid M_h = 1) - E(Y_{hn} \mid M_i = 1)$$

$$= E(Y_{hm} - Y_{hn} \mid M_h = 1) \qquad (6-2)$$

其中，M_h 为反映农户 h 是否土地确权的二值变量；Y_{hm} 代表农户 h 确权时的生计策略，Y_{hn} 代表农户 h 未确权时的生计策略；$E(Y_{hm} \mid M_h = 1)$ 和 $E(Y_{hn} \mid M_h = 1)$ 分别为事实结果和由倾向得分匹配法构造的反事实结果；ATT 即度量了土地确权对农户生计非农转型的净影响，即测算的是农户在进行和不进行土地确权状态下的生计策略差异。

倾向得分匹配中不同匹配方法对估计偏差和效率间的权衡存在差异，若不同匹配方法的估计结果相似，则说明估计结果较为稳健（史常亮等，2017）。为保证匹配结果稳健，本章将同时采用最近邻匹配、卡尺匹配、卡尺内最近邻匹配以及非参数的核匹配四种方法为确权户匹配未确权户样本。若不同方法所得到的结果差异较小，则表明上述估计结果较为稳健，并采用不同估计结果的算术平均值进行结果解释。

（三）内生转换概率模型

农户是否参与土地确权除了受政策影响外，也可能受到很多不可观测因素的影响，比如对地权安全性的感知、对土地确权政策的认知能力等（米运生等，2018）。如果这些不可观测因素同时会对农户生计非农转型产生影响，那么模型估计就可能面临着内生性问题的挑战。此外，土地确权与农户生计非农转型之间还可能存在反向因果关系。例如，有研究发现，非农经济越发达的村庄，由于土地在未来转变为非农用途的可能性越大，潜在利益使得确权难度增大（陈奕山等，2018）。为此，考虑继续引入内生转换概率（ESP）模型。ESP 模型能够同时控制可观测和不可观测因素带来的样本选择性偏误，并通过工具变量校正内生性，从而获得无偏、一致估计量。ESP 模型包含两阶段估计：第一阶段利用 Probit 模型构建农户是否土地确权的选择方程：

$$M_h^* = \gamma \mathbf{Z}_h + \mu_h, \quad M_h = \begin{cases} 1, & M_h^* > 0 \\ 0, & M_h^* \leqslant 0 \end{cases} \qquad (6-3)$$

其中，M_h^* 为潜在变量，表示农户是否土地确权的概率；$\mathbf{Z}_h$ 为影响农户是否土地确权的相关因素；γ 为待估计系数；μ_h 为随机误差项；M_h 表示实际观测到的农户是否土地确权的决策结果，$M_h = 1$ 表示已确权，$M_h = 0$ 表示未确权。

第二阶段定义不同状态下农户生计非农转型的结果方程：

$$Y_h = \begin{cases} Y_{1h}, & M_h = 1, \ Y_{1h} = I(Y_{1h}^* > 0), \ Y_{1h}^* = \lambda_1 \mathbf{X}_{1h} + \varepsilon_{1h} \\ Y_{0h}, & M_h = 0, \ Y_{0h} = I(Y_{0h}^* > 0), \ Y_{0h}^* = \lambda_0 \mathbf{X}_{0h} + \varepsilon_{0h} \end{cases} \qquad (6-4)$$

其中，Y_{1h}^* 和 Y_{0h}^* 是不可观测的潜变量，分别表示确权和未确权时农户选择非农化生计转型策略的概率；Y_{1h} 和 Y_{0h} 为相应的可观测变量；X_{1h} 和 X_{0h} 是一系列可能影响农户生计转型的家庭特征变量和省份虚拟变量；λ_1 和 λ_0 是待估计系数；ε_{1h} 和 ε_{0h} 为随机误差项，假设它们都服从均值为 0、标准差为 σ_1 和 σ_0、相关系数为 ρ_1 和 ρ_0 的联合正态分布。

ESP 模型采用完全信息极大似然法对选择方程和结果方程进行联立估计，从而得到一致的无偏估计量（Lokshin and Newson，2011）。为了使式（6-3）和式（6-4）满足识别条件，向量 Z 中至少应该包含一个不存在于向量 X 中的变量，该变量影响农户是否土地确权但不直接影响其生计转型策略，即作为工具变量。综合已有研究成果（林文声等，2017；黄斌和高强，2021），我们将"县域内除该农户外其他样本农户获得确权证书的比例"作为 ESP 模型的识别变量。经检验，该变量在 1% 的显著性水平上对农户是否土地确权有显著正影响，满足工具变量的相关性要求；但由于剔除了特定个体信息，理论上其与该农户生计是否发生转型应该没有直接联系。我们参考安格里斯特（Angrist，1990）、内森和莱昂纳德（Nathan and Leonard，2011）的做法，通过证伪检验（falsification test）来验证该工具变量的外生条件。其逻辑在于：如果工具变量只通过土地确权这一条渠道影响农户生计转型，则当农户未进行土地确权时，工具变量与其生计策略之间应当不存在显著关系。估计结果显示，在仅针对未确权户样本的回归中，变量"县域内除该农户外其他样本农户获得确权证书的比例"的估计系数为负值且未通过统计显著性检验，支持了工具变量满足外生性假设的合理性，表明该工具变量有效。

在得到模型参数 γ、λ_1、λ_0 以及相关系数 ρ_1 和 ρ_0 之后，就可以计算土地确权对农户生计非农转型的处理效应。其中，土地确权对处理组（$M_h = 1$）农户生计非农转型的平均处理效应（ATT）可以表示为：

$$ATT = \frac{1}{n} \sum_{h=1}^{n} \left[\Pr(Y_{1h} = 1 \mid M_h = 1) - \Pr(Y_{0h} = 1 \mid M_h = 1) \right] \quad (6-5)$$

其中，n 为处理组样本量，即已确权农户数。

第四节 实证结果分析

一、确权对农户生计转型的影响

表 6 - 2 报告了基准模型的 Logit 回归结果。按照"从简单到复杂"的估计策略，在列（1）我们未加入任何控制变量，列（2）在列（1）的基础上控制了家庭特征因素，列（3）进一步加入省份虚拟变量以消除地区异质性的影响。结果发现，当添加全部控制变量后，土地确权在 1% 水平上显著提高了农户从事工商业生产经营项目的概率。就边际效应而言，其他因素不变，土地确权使得农户从事工商业生产经营项目的可能性上升 1.9%。由于样本数据中从事工商业生产经营项目的农户比例大约占到 10.9%，因此上述估计结果的经济含义是：在其他条件不变的情况下，土地确权约可使得从事工商业生产经营项目的农户数量增加 17.4%（1.9/ 10.9）。为减少遗漏变量偏误，列（4）~列（6）依次将省份固定效应调整为颗粒度更细的城市固定效应、县域固定效应乃至村庄固定效应。回归结果显示，在考虑更低层级行政单位的固定效应之后，虽然因为样本损失导致模型估计的精度有所下降，但核心解释变量"是否土地确权"一直保持在至少 10% 的水平上显著为正，从而稳健地验证了土地确权确实会促进农户生计向非农化转型。

表 6 - 2　　　　　　　　　　基准回归结果

解释变量	(1)	(2)	(3)	(4)	(5)	(6)
是否土地确权	0.182 ** (0.086) [0.017 **]	0.233 *** (0.086) [0.017 ***]	0.267 *** (0.091) [0.019 ***]	0.267 *** (0.095) [0.018 ***]	0.239 ** (0.098) [0.017 **]	0.201 * (0.113) [0.019 *]

续表

解释变量	(1)	(2)	(3)	(4)	(5)	(6)
男性家庭成员比例		-0.147 (0.234)	-0.211 (0.232)	-0.119 (0.245)	-0.129 (0.250)	-0.173 (0.287)
家庭成员平均年龄 (对数)		14.292*** (3.744)	13.773*** (3.748)	13.433*** (3.734)	13.577*** (3.876)	15.047*** (4.275)
家庭成员平均年龄 平方(对数)		-2.109*** (0.511)	-2.062*** (0.514)	-2.015*** (0.515)	-2.045*** (0.535)	-2.234*** (0.591)
小学以上教育程度 人口比例		0.463** (0.193)	0.635*** (0.198)	0.622*** (0.207)	0.654*** (0.216)	0.643*** (0.247)
小孩比例		0.411 (0.515)	0.326 (0.512)	0.305 (0.529)	0.243 (0.539)	0.533 (0.620)
老人比例		0.291 (0.292)	0.341 (0.300)	0.259 (0.307)	0.288 (0.318)	0.228 (0.348)
是否村干部户		-0.009 (0.172)	-0.005 (0.170)	-0.026 (0.175)	-0.034 (0.185)	0.054 (0.204)
是否党员户		0.308*** (0.106)	0.326*** (0.108)	0.316*** (0.112)	0.332*** (0.113)	0.345*** (0.126)
亲戚个数		0.088** (0.036)	0.084** (0.036)	0.085** (0.037)	0.106*** (0.038)	0.118*** (0.043)
是否参与家族祭祖 活动		0.171 (0.106)	0.090 (0.107)	0.153 (0.111)	0.160 (0.114)	0.162 (0.127)
是否有电脑		1.156*** (0.088)	1.064*** (0.091)	1.059*** (0.093)	1.004 (0.095)	1.039*** (0.106)
常数项	-2.242*** (0.062)	-27.269*** (6.842)	-26.476*** (6.782)	-25.922*** (6.706)	-25.026*** (7.000)	-27.877*** (7.709)
省份固定效应	否	否	是			
城市固定效应				是		
县域固定效应					是	
村庄固定效应						是
Pseudo R^2	0.001	0.086	0.103	0.134	0.149	0.164
观测值	7734	7717	7717	7384	6973	5293

注:①圆括号内数字为聚类到村的稳健标准误,方括号内数字为均值处的边际效应(marginal effect);②*、**、***分别表示10%、5%和1%的显著性水平。

二、倾向得分匹配估计

考虑到各地确权地点的确定是政府的选择性行为，不具有随机性，如果直接进行估计可能会导致结果偏差（胡新艳和罗必良，2016）。为了纠正这一样本选择偏误，考虑引入非参数的倾向得分匹配（PSM）方法。该方法通过为已经进行土地确权的农户匹配与之特征相似但尚未确权的农户，从而构造一个合理的反事实框架，有效降低选择性偏误对参数估计准确性的影响。运用 PSM 方法的关键是找到合理的协变量。参考胡新艳和罗必良（2016）的做法，本章确定的协变量包括两类：一是户主的个体特征变量，包括性别、年龄、受教育程度；二是家庭特征变量，包括男性家庭成员比例、家庭成员平均年龄、家庭中小学以上教育程度人口比例、家庭中小孩比例、家庭中老人比例、是否村干部户、是否党员户、亲戚个数、是否参与家族祭祖活动、是否有电脑。

此外，PSM 方法的有效性还依赖于两个潜在假设条件：一个是共同支撑假设，要求处理组和对照组的倾向得分有较大的共同支撑域，以确保每一个处理组农户都可以找到与其相配对的对照组农户。我们通过考察确权户（处理组）与未确权户（对照组）倾向得分的核密度分布图来检验是否满足共同支撑假设。以最为常用的最近邻匹配法（1∶4 匹配）为例，从图 6−1 中可以看到，在经过匹配后，对照组（虚线）和处理组（实线）的倾向得分概率密度分布已渐趋于一致，且倾向得分区间具有较大范围的重叠。因此，可以认为满足共同支撑假设。

另一个是平衡性假设，要求匹配完成后处理组与对照组在各匹配变量上不存在系统性差异。依据斯密斯和托德（Smith and Todd，2005）的做法，我们采用标准化偏差和 T 统计值来进行匹配平衡性检验。从表 6−3 报告的检验结果可以看出，匹配后绝大多数变量的标准化偏差都变得很小，

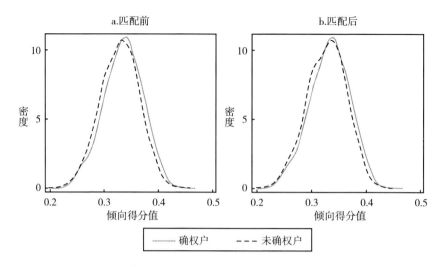

图 6 – 1　匹配前后处理组和对照组的倾向得分概率分布

这表明 PSM 方法确实能够降低处理组与对照组之间的系统差异，使得协变量的组别间差异得到更有效的控制。进一步地，T 统计值表明匹配后各变量在 10% 水平上均不能拒绝 "处理组和对照组无系统性偏差" 的原假设，说明匹配后两组样本已经没有统计上的显著差异，得到了可比的对照组和处理组。

表 6 – 3　　　　　　　　　　平衡性检验结果

解释变量	匹配前后	均值		偏差 （%）	T 统计值
		处理组	对照组		
户主性别	匹配前	0.892	0.892	− 0.1	− 0.06
	匹配后	0.892	0.892	0.1	0.02
户主年龄	匹配前	55.807	56.445	− 5.3	− 2.19 **
	匹配后	55.827	55.892	− 0.5	− 0.20
户主受教育程度	匹配前	2.465	2.489	− 2.6	− 1.05
	匹配后	2.465	2.374	− 0.9	− 0.31
男性家庭成员比例	匹配前	0.528	0.526	0.9	0.35
	匹配后	0.528	0.531	− 1.9	− 0.64
家庭成员平均年龄	匹配前	44.387	43.999	2.8	1.15
	匹配后	44.374	44.495	− 0.9	− 0.31

续表

解释变量	匹配前后	均值		偏差（%）	T统计值
		处理组	对照组		
小学以上教育程度人口比例	匹配前	0.715	0.703	4.6	1.89*
	匹配后	0.715	0.717	-0.9	-0.32
小孩比例	匹配前	0.030	0.033	-4.1	-1.65*
	匹配后	0.030	0.030	-0.1	-0.03
老人比例	匹配前	0.195	0.194	0.3	0.14
	匹配后	0.195	0.199	-1.2	-0.42
是否村干部户	匹配前	0.042	0.053	-5.1	-2.08**
	匹配后	0.042	0.043	-0.5	-0.17
是否党员户	匹配前	0.147	0.149	-0.7	-0.28
	匹配后	0.147	0.144	0.7	0.27
亲戚个数	匹配前	2.747	2.682	5.8	2.41**
	匹配后	2.746	2.742	0.3	0.11
是否参与家族祭祖活动	匹配前	0.766	0.751	3.6	1.50
	匹配后	0.766	0.765	0.4	0.14
是否有电脑	匹配前	0.212	0.241	-7.0	-2.88***
	匹配后	0.212	0.209	0.7	0.26

注：*、**、***分别表示10%、5%和1%的显著性水平上有显著性偏差。

表6-4报告了采用四种匹配方法估计得到的土地确权对农户生计非农转型的处理组平均处理效应（ATT）结果。考虑到常规PSM程序所报告的标准误并未考虑到倾向得分是被估计的这一事实，可能存在偏差（Abadie and Imbens，2016），表中最后一行同时汇报了基于AI稳健标准误的估计结果。可以发现，不同匹配算法所得到的ATT结果差异很小，从0.018到0.022不等，说明上述PSM估计结果较为稳健；并且每种匹配方法下的结果都至少在5%的水平上显著为正，这表明即使我们控制了可能存在的样本选择性偏误，土地确权对农户生计非农转型依然起到了非常显著的正向促进作用。将不同匹配方案得到的结果进行平均，结果显示，在平均意义

上确权农户从事工商业生产经营项目的概率要比未确权农户高出 2.1% 左右，与基准回归结果较为接近，说明在我们的回归中样本选择偏误问题并不严重，不会对估计结果造成颠覆性影响。

表 6 - 4　　　　　　　　　　倾向得分匹配估计结果

匹配方法	对照组	处理组	ATT
最近邻匹配（1∶4）	5154	2546	0.022 ** (0.009)
卡尺匹配（卡尺 = 0.02）	5154	2546	0.019 *** (0.007)
卡尺内最近邻匹配（1∶4，卡尺 = 0.02）	5154	2546	0.022 ** (0.009)
核匹配（核函数 = gaussian，带宽 = 0.06）	5154	2546	0.018 ** (0.007)
最近邻匹配（1∶4）	5154	2546	0.022 *** (0.008)

注：①最近邻匹配中的 k 取值为 4，即进行一对四匹配，以最小化均方误差。②卡尺匹配选择了距半径"不太远"的范围 0.02。③核匹配的核函数使用文献中常用的 gaussian 函数，带宽为文献中常用的 0.06。④匹配前我们先将样本随机排序，匹配时均采用有放回、允许并列的匹配方法，且仅对共同取值范围内个体进行匹配。⑤圆括号内为标准误，其中前四行报告的是 bootstrap 标准误，重复抽样次数为 800；最后一行报告的是 Abadie - Imbens（AI）稳健标准误。⑥ ** 、 *** 分别表示 5% 和 1% 的显著性水平。

必须指出的是，PSM 方法主要通过可观测变量对样本选择偏差进行控制，如果存在依不可测变量选择问题，则仍然会带来"隐藏偏差"。为确认潜在的不可观测因素是否会显著改变估计结果，我们采用罗森鲍姆和鲁宾（Rosenbaum and Rubin，1983）提出的边界方法（rosenbaum bounds）进行敏感性分析。该方法用伽玛系数（Γ）来测量 PSM 结果对隐藏偏差的敏感性程度，该系数越接近于 1，表示研究结果对可能存在的隐藏偏差越敏感。表 6 - 5 汇报了针对 PSM 估计结果的敏感性分析结果。依表所示，整体上隐藏偏差对估计结果的影响较小。其中，卡尺匹配和核匹配对隐藏偏差最不敏感，一直到 $\Gamma = 3.9$ 时，我们得到的匹配结果才在 10% 水平上明显不显著；而最近邻匹配虽然对隐藏偏差相对敏感，但也是直到在 $\Gamma = 2.1$ 处才变得不再显著。根据前期文献的判断标准，可以认为即使存在不可观测因素，PSM 估计对这些隐藏偏差也不会十分敏感，我们的匹配结果是可靠的。

表 6 – 5　　　　　　　　　　　　敏感性分析结果

匹配方法	Γ	最大的 p 值
最近邻匹配（1∶4）	2.1	0.1979
卡尺匹配（卡尺 = 0.02）	3.9	0.1950
卡尺内最近邻匹配（1∶4，卡尺 = 0.02）	2.1	0.1979
核匹配（核函数 = gaussian，带宽 = 0.06）	3.9	0.1950

注：Γ 是对隐藏偏差的敏感性的测量，Γ 越接近于 1，表示研究结果对可能存在的隐藏偏差越敏感。

三、内生转换概率模型估计

基准模型的回归结果还可能面临内生性挑战。除了常见的因遗漏变量而产生的内生性外，我们也不能排除解释变量和被解释变量之间存在反向因果的可能。为了克服内生性问题，进一步使用工具变量法进行稳健估计。由于本章中内生解释变量和被解释变量均为二值虚拟变量，传统的两阶段最小二乘（2SLS）回归方法并不适用，我们引入内生转换概率（ESP）模型，通过在回归结果的基础上构造反事实分析框架，进而估计出土地确权对农户生计非农转型概率的处理效应。表 6 – 6 报告了针对 ESP 模型的最大似然估计结果。其中，ρ_1 和 ρ_0 分别是选择方程与相应结果方程误差项的相关系数，二者在 10% 水平上均不显著，同时 Wald 检验在 10% 水平上无法拒绝"$\rho_1 = \rho_0 = 0$"的原假设，表明可以忽略处理效应的内生性问题，即基准回归模型并不存在严重的内生性。进一步计算平均处理效应

（ATT）后发现，土地确权对农户生计转型具有显著的正向处理效应，约可使得已确权农户从事工商业生产经营项目的可能性增加 1.2% 左右。该结果与基准回归保持一致，证实了本章结论的可靠性。

表 6 – 6　　　　　　　　　内生转换概率模型回归结果

解释变量	结果方程		选择方程 （3）
	确权户 （1）	未确权户 （2）	
是否土地确权	0.012 *** （0.001）		
工具变量			3.006 *** （0.095）
家庭特征变量	是	是	是
省份固定效应	是	是	是
相关系数 ρ_1	− 0.103（0.123）		
相关系数 ρ_0		0.051（0.133）	
Wald 检验（$H_0: \rho_1 = \rho_0 = 0$）	$p - val = 0.6141$		
对数似然值	− 6242.76		
观测值	7717		

注：①ESP 模型无法直接估计出土地确权对农户生计转型的影响效应，需要利用反事实框架进行计算。表中报告的是基于 ESP 模型计算得到的处理组的平均处理效应，即 ATT。②圆括号内数字为聚类到村的稳健标准误；③ *** 表示 1% 的显著性水平。

四、其他稳健性检验

为了增强研究结论的可靠性，我们继续从以下三个方面进行稳健性检验。

一是替换被解释变量。考虑到 2015 年土地确权颁证工作尚处于逐步实施期间，政策实施时间较短，政策效应的发挥可能需要经过一段时间才能充分显现出来。而一项政策要想起作用，需要首先被人们感知，对其心理预期产生影响后再进而影响其行为。因此，可以通过对农户意愿的考察来间接检验确权政策对农户生计转型可能产生的长期影响趋向（胡新艳和罗必良，2016）。根据 CHFS 问卷设计，我们利用问项"未来您家是否打算开展工商业生产经营项目，包括个体户、租赁、运输、网店、经营企业等？"判断农户生计非农转型的意愿，并将其作为被解释变量，从长期视角检验结论的稳健性。从表 6 - 7 列（1）报告的估计结果可以看出，土地确权对农户生计非农转型的意愿同样产生了一定的促进作用，边际效应约 1.4%，该结果在 5% 的水平上显著。这意味着从长期的影响趋向看，土地确权同样有利于促进农户生计的非农化转型。

二是替换估计方法。生计转型是农户基于生计资本的"最优配置"的集中体现，是农户生计策略的结果。一般而言，农户的生计策略包括了农业型生计策略和非农型生计策略两类（赵文娟等，2016）。因此，存在一些农户在从事工商业生产经营项目的同时也从事农业生产的情形。[①] 为了避免样本遗漏问题和模型识别过程中的方程联立性问题，本章引入双变量 Probit 模型，分别以"是否从事工商业生产"和"是否从事农业生产"作为被解释变量，进行联合估计。结果报告于表 6 - 7 列（2）和列（3）。LR 检验在 1% 显著性水平上拒绝了"$\rho = 0$"的原假设，说明采用双变量 Probit 模型来刻画农户的生计策略行为是合适的。核心解释变量"是否土地确权"对农户从事工商业生产的影响在 1% 水平上显著为正，而对其从事农业生产的影响则不显著，再次说明土地确权有助于促使农户生计策略从农业型向非农型转变，本章结论具有很好的稳健性。

三是使用两期追踪数据。基准回归主要考察的是单一年份的农户生计策略。事实上，农户生计转型是一个动态过程，是农户所从事的产业发生转变的过程（王娟等，2014）。例如，农户可能第 1 期从事农业生产，而

---

① 根据 CHFS 的调查数据，2014 年这类农户占所有从事工商业生产经营项目农户的比例为 6.17%。

在第 2 期转而从事工商业生产。为了能够刻画出农户生计转型的这一动态变化过程，我们根据 CHFS 问卷提供的家庭编码将 2015 年数据与 2013 年数据相匹配，并保留追访成功的样本（即两期均参与调查的农户家庭）。在此基础上，我们定义：如果农户在 2013 年未从事工商业生产而 2015 年从事工商业生产，则称为转型农户，赋值为 1；如果农户在 2013 年和 2015 年两期均未从事工商业生产，则称为非转型农户，赋值为 0。然后以此作为被解释变量，重新进行 Logit 模型回归。为了保证被解释变量数据一定发生在解释变量之前，我们剔除了 2014 年及以后才领取到土地经营权证书的农户。表 6－7 列（4）汇报了相应回归结果。核心解释变量"是否土地确权"至少在 10% 水平上显著为正，边际效应表明在土地确权后，2013 年未从事工商业生产经营的农户在 2015 年从事工商业生产经营的概率提高了 1.1%。这说明，即使考虑生计转型所具有的动态性特征，土地确权依然显著促进了农户生计的非农化转型。

表 6－7　　　　　　　　　稳健性检验结果

解释变量	未来是否打算从事 工商业生产 （1）	是否从事 工商业生产 （2）	是否从事 农业生产 （3）	是否在第 2 期从事 工商业生产 （4）
是否土地确权	0.014 ** （0.007）	0.020 *** （0.006）	0.003 （0.002）	0.011 * （0.006）
家庭特征变量	是	是	是	是
省份固定效应	是	是	是	是
相关系数 ρ		－ 0.141 *** 　（0.029）		
LR 检验（H₀：$\rho = 0$）		p － val = 0.0000		
Pseudo R²	0.052			0.060
观测值	6706	7717		4568

注：①"是否从事农业生产"根据 CHFS 问卷中针对受访户的问题"去年，您是否从事农业生产经营？包括农、林、牧、渔，不包括受雇于他人的农业生产经营"识别而来，回答"是"赋值为1，回答"否"赋值为0；②表中报告的是均值处的边际效应；③圆括号内数字为聚类到村的稳健标准误；④ * 、 ** 、 *** 分别表示 10% 、5% 和 1% 的显著性水平。

第五节　扩展性分析

一、影响机制检验

前文实证考察显示，土地确权能够有效促进农户生计的非农化转型，接下来对这一结论背后的可能作用机制进行检验。理论分析表明，土地确权主要通过土地流转、家庭劳动分工以及信贷可得性三个途径，进而对农户生计转型产生影响。我们采用两步法对上述传导机制进行验证：第一步，将土地流转、家庭劳动分工以及信贷可得性作为被解释变量，对"是否土地确权"变量进行回归，来检验土地确权对这些中间传导变量的影响；第二步，将中间传导变量作为控制变量加入基准回归模型中，如果上述传导机制存在，那么相比基准回归，新回归中的"是否土地确权"变量应变得不再显著或者显著性明显下降。

表6-8中列（1）和列（2）报告了土地确权通过土地流转作用于农户生计转型的机制检验结果。列（1）显示土地确权在10%的水平上显著促进了农户土地转出。列（2）显示当将"是否转出土地"作为控制变量纳入基准回归模型后，关注变量"是否土地确权"的系数在保持原有显著性和符号方向的前提下，其估计值相比基准回归有一定下降（下降幅度约10.5%），说明土地确权部分地通过促进土地转出进而促进了农户生计非农转型，即存在"土地确权→土地转出→农户生计转型"的作用机制，该中介效应占总效应的2.9%左右。

表 6 – 8 影响机制检验结果

解释变量	是否转出土地 （1）	农户生计转型 （2）	非农就业比例 （3）	农户生计转型 （4）	是否获得贷款 （5）	农户生计转型 （6）
是否土地确权	0.016* （0.009）	0.017*** （0.006）	0.012 （0.011）	0.018*** （0.006）	0.006*** （0.002）	0.016** （0.006）
是否转出土地		0.034*** （0.008）				
非农就业比例				0.156*** （0.013）		
是否获得贷款						0.082*** （0.011）
家庭特征变量	是	是	是	是	是	是
省份固定效应	是	是	是	是	是	是
Pseudo R^2	0.074	0.107	0.226	0.143	0.138	0.118
观测值	7706	7706	7717	7717	7268	7685

注：①"是否转出土地"根据 CHFS 问卷中受访户对问题"目前，您家的耕地的经营权是否转给他人或机构？"的回答而来；②"是否获得贷款"根据 CHFS 问卷中受访户对问题"目前，您家是否因农业或者工商业生产经营活动有尚未还清的银行/信用社贷款？"的回答而来；③表中报告的是均值处的边际效应，圆括号内数字为聚类到村的稳健标准误；④*、**、*** 分别表示 10%、5% 和 1% 的显著性水平。

表 6 – 8 中列（3）和列（4）报告了土地确权通过家庭劳动分工作用于农户生计转型的机制检验结果。其中，家庭劳动分工采用非农就业比例，即家庭中从事非农工作[①]的成员数与家庭总成员数量之比测度（林文声等，2018）。列（3）显示土地确权并没有明显促进农户家庭非农就业。列（4）显示当将"非农就业比例"作为控制变量加入基准回归模型后，关注变量"是否土地确权"的估计系数和显著性均没有发生太大改变，说明家庭劳动分工并不是土地确权促进农户生计转型的一个渠道。[②] 这与杨

---

① 这里将从事非农工作定义为一个人主要的工作为非农性质，所谓非农性质指的是工作的性质为"受雇于他人或单位（签订正规劳动合同）""临时性工作（没有签订正规劳动合同，如打零工）""经营个体或私营企业、自主创业、开网店""自由职业"等（宋全云等，2019）。

② 为稳健起见，我们还采用在基准回归模型中引入"是否土地确权"与"非农就业比例"交互项的方式进行检验，结果显示交互项的系数不显著，再次说明土地确权尚不能够通过促进家庭劳动分工进而对农户生计转型产生影响。

宏力和李宏盼（2020）的研究发现相似。

表 6-8 中列（5）和列（6）报告了土地确权通过信贷可得性作用于农户生计转型的机制检验结果。其中，信贷可得性依据农户是否有尚未还清的银行/信用社贷款进行衡量（尹志超等，2020）。根据 CHFS 问卷的设计，当农户被问及"目前，您家是否因农业或者工商业生产经营活动有尚未还清的银行/信用社贷款"时，如果该农户回答"是"，赋值为 1；回答"否"，赋值为 0。列（5）显示土地确权在 10% 的水平上显著提高了农户的信贷可获得性。列（6）显示当将"是否获得贷款"作为控制变量加入基准回归模型后，关注变量"是否土地确权"的系数估计值有较大幅度下降（下降幅度约 15.8%），同时显著性水平由原来的 1% 显著下降为 5% 显著，因此可以说信贷可得性是土地确权影响农户生计转型的一个中介，该中介效应占到总效应的 2.6% 左右。

二、异质性分析

（一）不同确权时间

由于农户对土地确权政策的行为响应具有滞后性，以及土地确权政策效应的发挥可能需要经过一段时间才能充分显现出来，为进一步考察土地确权在短期和长期对农户生计转型影响的差异，我们按照确权时长对样本进行了分组，并以此生成虚拟变量（参照组为未确权户）重新进行回归。其中，确权时长等于调查年份减去村庄开展确权年份。从表 6-9 列（1）可以看出，对于确权时间不足 1 年的农户，土地确权并不能显著地促进其生计转型；而对于确权时间超过 1 年的农户，土地确权显著促进了其生计非农转型，边际效应约为 2.1%。这一结果与前述第四章稍有不同，在第四章中确权对土地流转的影响在当年就会显现出来。这也反映出农户在生计转型方面相对谨慎，只有当其预期地权非常稳定时，才会由农业生计转向非农业生计。

表 6 – 9   时间异质性

解释变量	（1）	（2）
确权不足 1 年	0.005 (0.010)	
确权 1 年及以上	0.021 ** (0.008)	
确权当年		0.005 (0.010)
确权后第 1 年		0.018 * (0.010)
确权后第 2 年至第 3 年		0.026 ** (0.012)
确权后第 4 年至第 5 年		0.013 (0.011)
确权后第 6 年及以上		0.035 (0.023)
家庭特征变量	是	是
省份固定效应	是	是
Pseudo R^2	0.107	0.108
观测值	7610	7610

注：①确权当年为确权时间等于调查时间的虚拟变量，确权后第 1 年为确权时间距调查时间等于 1 年的虚拟变量；确权后第 2 年至第 3 年为确权时间距调查时间大于等于 2 年、小于等于 3 年的虚拟变量；确权后第 4 年至第 5 年为确权时间距调查时间大于等于 4 年、小于等于 5 年的虚拟变量；确权后第 6 年及以上为确权时间距调查时间大于等于 6 年的虚拟变量。②表中报告的是均值处的边际效应，圆括号内数字为聚类到村的稳健标准误。③ * 、** 分别表示 10% 和 5% 的显著性水平。

考虑到以 1 年作为长短期的划分可能存在一定主观性，为了能更好地考察确权对农户生计转型影响的时间差异，我们对已确权时间进行了更加细致的划分。表 6 – 9 列（2）展示的回归结果表明，土地确权对农户生计非农转型的影响确实存在时间滞后效应，在确权后 1 年才能产生较为明显的促进作用，并在确权后第 2 年至第 3 年达到最大。这与列（1）的分析保持一致，显示出农户只有对土地确权改革经过一段时间的了解并产生信任后才会做出生计策略调整，也说明土地确权在长期更能促进农户生计向非农化转型。

（二）不同转型动机

生计转型是农户对人地关系变化的策略性响应（Shackleton et al.，2007）。受转型动机驱使，农户生计转型可区分为生存型转型和发展型转型。其中，生存型转型是一种被动转型，表现为迫于生计压力或者没有其他选择而不得不进行转型；发展型转型则是为了获得更大的发展空间，而积极主动进行的转型。为了进一步考察土地确权对不同转型类型的影响，我们根据 CHFS 问卷中询问受访户从事工商业的原因，将"找不到其他工作机会""继承家业"定义为生存型生计转型，而将"从事工商业能挣得更多""理想爱好/想自己当老板""更灵活，自由自在"及"其他"定义为发展型生计转型①，分别建立 Logit 模型进行回归。结果见表 6 - 10 列（1）和列（2）。可以看到，对于发展型生计转型，"是否土地确权"前面的估计系数在 1% 水平上显著为正；而对于生存型生计转型，"是否土地确权"的估计系数不显著，说明土地确权主要提高了农户主动进行生计转型的可能性。列（3）直接以生计转型类型（取值 0 表示未转型，取值 1 表示生存型生计转型，取值 2 表示发展型生计转型）作为被解释变量，使用多元 Logit 模型进行回归，结果同样显示土地确权对农户生存型生计转型没有显著影响，而对发展型生计转型在 1% 水平上有显著促进作用，进一步证实土地确权主要促进了农户发展型生计转型。

---

① 在 1064 个填写问卷的样本中，生存型生计转型农户占 24.06%，发展型生计转型农户占 75.94%。

表 6 - 10 动机异质性

解释变量	（1）生存型	（2）发展型	（3）	
			生存型	发展型
是否土地确权	0.003 （0.004）	0.015*** （0.005）	0.002 （0.003）	0.015*** （0.005）
家庭特征变量	是	是	是	是
省份固定效应	是	是	是	是
Pseudo R^2	0.047	0.121	0.097	
观测值	6978	7516	7708	

注：①参照组均为未转型农户；②表中报告的是均值处的边际效应，圆括号内数字为聚类到村的稳健标准误；③ *** 表示 1% 的显著性水平。

（三）不同收入群体

土地具有基本保障功能，而新一轮土地确权改革通过"确实权、颁铁证"，赋予了农民更加明晰的土地产权，并将其规定为农民拥有的一项基本权利，使其能够长期持有并享有收益，对其脱贫增收无疑有着重要作用（宁静等，2018）。但是与非贫困农户相比，贫困农户的生计资产相对较少（Foster et al.，2011）。大规模的土地确权能否同时促进非贫困农户和贫困农户的生计非农转型，进而体现出益贫效应还需要进一步讨论。根据CHFS 问卷中对于"建档立卡"贫困户的界定，表 6 - 11 将样本划分为贫困户和非贫困户两类，然后分组进行回归。从表中列（1）和列（2）报告的回归结果可以发现，与我们的预期不符，土地确权仅对非贫困户生计非农转型具有显著的正向影响，给定其他条件不变，确权可使得非贫困户从事工商业生产经营项目的概率显著提高 2 个百分点；而对于贫困户而言，并不具有统计意义上的显著影响。列（3）进一步使用虚拟变量来刻画贫困户和非贫困户，并进行全样本数据回归。结果同样显示，土地确权对农户生计非农转型的促进作用仅对非贫困户群体有效，而不存在于贫困户群体。这意味着在促进农户生计非农转型方面，土地确权并没有体现出宁静等（2018）研究中所声称的"益贫性"。可能的原因是，一方面，贫困地区由于产业经营基础薄弱，土地资产价值低，土地确权赋能的长效机制有待进一步打通和深化（武丽娟，2022）；另一方面，根据生计阶梯理论假说，不同的生计策略存在进入和退出壁垒（Walelign，2016），贫困户因为缺乏相应的资产基础或者资本积累，土地确权后仍旧难以实现更高收益的非农生计转型。

表 6 – 11　　　　　　　　　　　群体异质性

解释变量	（1）贫困户	（2）非贫困户	（3）全样本
是否土地确权	0.013 （0.010）	0.020 *** （0.007）	
是否土地确权 × 贫困户			0.004 （0.014）
是否土地确权 × 非贫困户			0.021 *** （0.007）
家庭特征变量	是	是	是
省份固定效应	是	是	是
Pseudo R^2	0.142	0.098	0.103
观测值	1063	6427	7634

注：①贫困户依据 CHFS 问卷中针对农村受访户的问题"目前您家是否为贫困户？"识别而来，指家庭人均收入低于国家规定的贫困户年收入标准，且填写《贫困手册》，经过村委民主评议、公示、乡镇政府审核后的农村家庭。②表中报告的是均值处的边际效应，圆括号内数字为聚类到村的稳健标准误；③ *** 表示 1% 的显著性水平。

第六节　本章小结

随着"三权分置"制度的确立和新一轮土地确权登记颁证工作进入尾声，农户生计问题，尤其是土地确权背景下的农户生计策略转型问题，成为"后确权"时期学术界和政府关注的热点。本章使用中国家庭追踪调查

2015 年数据，结合新一轮的土地确权登记颁证改革，实证考察土地确权对农户生计转型的影响，并运用中介效应模型检验其中可能的作用机制。研究发现五点结论。

第一，土地确权显著促进了农户生计向非农化转型，在利用倾向得分匹配方法克服样本选择偏差、使用内生转换概率模型解决内生性问题和进行其他一系列稳健性检验后，这一结论依然成立。

第二，影响机制检验表明，土地确权主要通过促进土地转出和提高信贷可得性进而促使农户生计向非农化转型，但尚不存在通过促进家庭劳动分工来促使农户生计非农转型的作用机制。

第三，土地确权对农户生计非农转型的影响具有时间滞后效应，在长期（大于 1 年）更能显著促进农户生计向非农化转型，而短期内（小于 1 年）该影响表现得并不明显。

第四，根据转型动机的分组回归发现，土地确权主要会促进农户发展型生计转型，而对生存型生计转型没有影响。

第五，根据是否贫困户分组回归发现，土地确权主要促进了非贫困户生计的非农化转型，而对于贫困户生计并无显著影响。

第七章

结论与政策启示

第一节　主要研究结论

　　产权学派认为，明晰的产权制度是经济增长的关键。同样，作为基础性制度安排，清晰界定、长期稳定的土地产权对农业农村发展和农民生计活动来说更是具有关键性的决定功能。改革开放四十余年来，中央政府为增强农民对于土地的产权强度进行了长期不懈的努力，其中最重要的工作便是土地承包经营权确权、登记和颁证（以下简称"土地确权"）。特别是 2009 年以来，为全方位解决多年尚未完成的农村承包地确权颁证问题，国家开始大力推动新一轮的农村土地确权改革。当前，本轮确权工作在央地合力强力推动下已进入收尾阶段，但是作为一项在全国范围内实施且成本耗费巨大的改革政策，其政策效果亟须很多调查研究来实证测度。本书构建"土地确权—资源配置—农业生产效率提升与农户生计转型"的分析框架，实证考察土地确权对农村土地流转与劳动力非农转移、农业生产效率以及农户生计策略选择等方面的影响作用，旨在厘清土地确权的政策实施效果，为进一步探索土地确权成果的转化应用和出台保障确权红利释放的配套措施提供依据。本书实证研究所得的结论具体归纳如下。

　　第一，土地确权不仅提高了土地流转市场的活跃度，显著增加了农户参与土地流转的可能性和交易量，而且还使得农业生产能力较低的农户更愿意转出土地和退出农业生产，从而优化土地资源配置。此外，土地确权还促使土地更多地向村外流转和新型农业经营主体集中，为土地规模化经营创造了条件。进一步的机制检验揭示，土地确权促进土地流转的主要原因是通过颁证增强了农户对土地产权安全性的信心，强化了农户的土地流转预期。这些发现符合经济学对产权功能的判断，表明中国土地确权在发挥应有的作用。

第二，现阶段土地确权对农村劳动力非农转移主要起到失地风险降低效应，有助于释放出更多农村劳动力外出从事非农就业。异质性分析发现，相较于季节性外出，土地确权对常年外出的促进效应更大；相较于省内转移，土地确权对省外转移的促进效应更大；相较于中部地区、西部地区和北部地区，土地确权对东部和南部地区劳动力非农转移的促进作用更显著。另外研究还发现，土地确权对劳动力非农转移的影响存在基于土地流转市场发展水平的单一门槛效应，其正向促进作用只有在超过门槛值之后才能显著发挥。

第三，土地确权显著提高了农户以全要素生产率衡量的农业生产效率水平，尤其对于西部地区、没有经历过土地调整或者土地征用、经营耕地在15亩以下的小规模农户和处于0.5分位数以下的低效率组农户，土地确权对其农业生产效率的促进效应更强。进一步的机制探究发现，土地确权产生投资激励效应和资源配置效应，即一方面能有效激励农户增加土地、资本和劳动力等要素投入，进而提高农业生产效率，另一方面可以通过促使土地向高效率农户流转和农业生产专业化分工，改善资源配置效率，进而提升整体农业生产效率。

第四，土地确权显著促进了生计向非农化转型，但这一影响具有时间滞后效应，在长期（大于1年）更为显著。分组回归发现，土地确权主要促进了农户发展型生计转型，而对生存型生计转型没有影响；促进了非贫困户生计的非农化转型，但贫困户生计的影响不显著。进一步机制分析发现，目前土地确权对农户生计转型的影响主要通过促进农户土地转出和提高信贷可得性这两条途径实现，而通过家庭劳动分工来促进农户生计转型的机制尚未发挥作用。

第二节 政策启示

　　土地制度是农村最根本的制度，土地权益是农民最大的利益。本书研究表明，土地确权作为维护农户土地产权稳定与安全的最为重要的政策举措，不仅对促进农村土地流转和劳动力非农转移、提升农业生产效率、推动农户生计非农化转型有直接的重要影响，而且还有助于将土地重新分配给更有效率的生产者，促使更多具有较强农业生产能力的经营主体进入农业领域，推动农业向专业化生产方向发展。这些结果对未来中国农村土地制度改革具有重要的政策意义。

　　首先，继续深化农村土地产权制度改革。以新一轮土地确权改革为契机，进一步固化稳定土地承包关系，将确权政策内化为农户的产权安全认知，并不断约束基层政府的土地调整行为，避免不定期的土地调整使得土地确权成为被束之高阁的"空制度"；持续巩固提升新一轮土地确权成果，积极探索并拓展确权成果在土地流转、抵押贷款、培育新型农业经营主体、落实农业发展规划、加强农业基础设施建设等方面的应用，推动土地确权红利不断释放；扎实开展承包地确权登记颁证"回头看"工作，全面排查和纠正地块四至界限不准、承包地块块数不准、承包地面积不准、承包地地名不清晰、证书发放不到位不规范等问题，确保信息登记完整正确、证书发放到户，避免出现"被确权""确空权"现象。

　　其次，健全农村土地产权交易市场体系。"确权是基础，流转是目的"，土地确权的实践历程需要落地于土地流转这一关键场域。在"后确权"时期，政府需要更加重视并加强对土地流转市场的培育和指导，应因地制宜配套建立区域性、自由进出、规范的农村土地产权流转交易市场，健全土地流转中介服务机构和信息平台，完善土地流转市场定价机制，配合新一轮土地确权改革促进土地流转向规范化、有偿化、承租主体多元化方向发展。充分发挥土地确权对促进低效率农户减少和退出农业生产的"分离器"作用，一方面加快建立农村"三权"（指土地承包权、宅基地使用权、集体收益分配权）自愿有偿转让退出机制，支持和引导进城落户农民依法自愿有偿转让退出土地承包经营权，为低效率农户从土地中解放出来创造条件；另一方面深化细化"三权分置"制度改革成果应用，平等保护经营主体依流转合同取得的土地经营权，为新型经营主体进行土地规模化经营提供良机。

最后，我们也要看到土地确权并不是万能灵药，不是仅依靠单一的确权颁证就可以解决农业增效农户增收的所有问题。本书研究表明，土地确权作用的发挥并非是独立的，也并不总是有效的，对于不同群体、不同地区，由于要素禀赋的差异、相关制度安排的不同，土地确权能否发挥作用以及作用发挥的程度都不一样。因此，在推进土地确权政策的实际落地过程中，应充分意识到政策效应发挥所必须依赖的中间变量和外部条件，如土地价值评估与抵押、土地流转配套机制的完善等，进行适应性调整。必须明确，土地确权并非是一个静态的独立事件，其必须与要素市场的培育、就业市场的规范、融资市场的构建相辅相成，才能使其真正发挥优化资源配置的作用。

参 考 文 献

[1] 包国宪，刘青川，关斌．产权强度为什么不能加快农地流转——禀赋效应的中介作用和土地依恋的调节作用 [J]．兰州大学学报（社会科学版），2021，49（3）：66－79．

[2] 毕国华，杨庆媛，张晶渝，等．改革开放 40 年：中国农村土地制度改革变迁与未来重点方向思考 [J]．中国土地科学，2018，32（10）：1－7．

[3] 蔡昉．中国经济增长如何转向全要素生产率驱动型 [J]．中国社会科学，2013（1）：56－71．

[4] 陈斌开，马宁宁，王丹利．土地流转、农业生产率与农民收入 [J]．世界经济，2020，43（10）：97－120．

[5] 陈飞，刘宣宣．土地确权、要素偏向性技术变革与产业结构转型 [J]．统计研究，2021，38（10）：76－89．

[6] 陈飞，刘宣宣．土地确权影响农业劳动生产率的中介效应研究 [J]．财经问题研究，2018（8）：112－120．

[7] 陈江华，罗明忠，洪炜杰．农地确权、细碎化与农村劳动力非农转移 [J]．西北农林科技大学学报（社会科学版），2020，20（2）：88－96．

[8] 陈文胜，李珊珊．论新发展阶段全面推进乡村振兴 [J]．贵州社会科学，2022（1）：160－168．

[9] 陈奕山，纪月清，钟甫宁，等．新一轮农地确权：率先发生在何处 [J]．财贸研究，2018，29（2）：23－32．

[10] 陈媛媛, 傅伟. 土地承包经营权流转、劳动力流动与农业生产 [J]. 管理世界, 2017 (11): 79 – 93.

[11] 程令国, 张晔, 刘志彪. 农地确权促进了中国农村土地的流转吗? [J]. 管理世界, 2016 (1): 88 – 98.

[12] 程郁, 罗丹. 信贷约束下农户的创业选择——基于中国农户调查的实证分析 [J]. 中国农村经济, 2009 (11): 25 – 38.

[13] 仇童伟, 罗必良. 流转 "差序格局" 撕裂与农地 "非粮化": 基于中国 29 省调查的证据 [J]. 管理世界, 2022, 38 (9): 96 – 113.

[14] 仇童伟, 罗必良. 强化地权能够促进农地流转吗? [J]. 南方经济, 2020 (12): 1 – 18.

[15] 董志强, 赵俊. "留守" 与儿童竞争偏好: 一项实地实验研究 [J]. 经济学动态, 2019 (4): 33 – 48.

[16] 方坤, 秦红增. 乡村振兴进程中的文化自信: 内在理路与行动策略 [J]. 广西民族大学学报 (哲学社会科学版), 2019, 41 (2): 41 – 48.

[17] 费孝通. 乡土中国 [M]. 上海: 上海人民出版社, 2006.

[18] 丰雷, 蒋妍, 叶剑平. 诱致性制度变迁还是强制性制度变迁? ——中国农村土地调整的制度演进及地区差异研究 [J]. 经济研究, 2013, 48 (6): 4 – 18.

[19] 丰雷, 李怡忻, 蒋妍, 等. 土地证书、异质性与农地流转: 基于 2018 年 "千人百村" 调查的实证分析 [J]. 公共管理学报, 2021, 18 (1): 151 – 176.

[20] 冯华超, 钟涨宝. 农地确权促进了农地转入吗? ——基于三省五县数据的实证分析 [J]. 学习与实践, 2018 (12): 26 – 37.

[21] 冯华超, 钟涨宝. 新一轮农地确权促进了农地转出吗? [J]. 经济评论, 2019 (2): 48 – 59.

[22] 付江涛, 纪月清, 胡浩. 新一轮承包地确权登记颁证是否促进了

农户的土地流转——来自江苏省3县（市、区）的经验证据［J］．南京农业大学学报（社会科学版），2016，16（1）：105－113.

［23］盖庆恩，朱喜，程名望，等．土地资源配置不当与劳动生产率［J］．经济研究，2017，52（5）：117－130.

［24］高叙文，方师乐，史新杰，等．农地产权稳定性与农地生产率——基于新一轮农地确权的研究［J］．中国农村经济，2021（10）：24－43.

［25］耿鹏鹏，罗必良．农地确权是否推进了乡村治理的现代化？［J］．管理世界，2022，38（12）：59－76.

［26］耿鹏鹏．"规模实现"抑或"技术耗散"：地权稳定如何影响农户农业生产效率［J］．南京农业大学学报（社会科学版），2021，21（1）：108－120.

［27］郭庆海．土地适度规模经营尺度：效率抑或收入［J］．农业经济问题，2014，35（7）：4－10.

［28］韩朝华．个体农户和农业规模化经营：家庭农场理论评述［J］．经济研究，2017，52（7）：184－199.

［29］韩家彬，刘淑云．土地确权对农村劳动力转移就业的影响：来自CHARLS的证据［J］．人口与经济，2019（5）：41－52.

［30］韩家彬，张书凤，刘淑云，等．土地确权、土地投资与农户土地规模经营：基于不完全契约视角的研究［J］．资源科学，2018，40（10）：2015－2028.

［31］韩长赋．中国农村土地制度改革［J］．农业经济问题，2019（1）：4－16.

［32］何·皮特．谁是中国土地的拥有者：制度变迁、产权和社会冲突［M］．北京：社会科学文献出版社，2008.

［33］贺雪峰．农地承包经营权确权的由来、逻辑与出路［J］．思想战线，2015，41（5）：75－80.

［34］洪名勇．欠发达地区的农地流转分析——来自贵州省4个县的调查［J］.中国农村经济，2009（8）：79-88.

［35］洪炜杰，胡新艳．地权稳定性如何影响农村劳动力非农转移：基于拓展 Todaro 模型的分析［J］.财贸研究，2019，30（3）：60-70.

［36］洪炜杰，罗必良．地权明晰能够改变村庄社会的互助机制吗［J］.农业技术经济，2023（1）：4-16.

［37］胡骞文，李湛，张广财．农地确权能否影响农村劳动力就业决策？——基于农地产权制度改革的视角［J］.财经论丛，2023（2）：3-13.

［38］胡新艳，陈小知，米运生．农地整合确权政策对农业规模经营发展的影响评估：来自准自然实验的证据［J］.中国农村经济，2018（12）：83-102.

［39］胡新艳，罗必良．新一轮农地确权与促进流转：粤赣证据［J］.改革，2016（4）：85-94.

［40］黄斌，高强．农地确权对农机社会化服务的影响——来自黄淮海农区的经验证据［J］.资源科学，2021，43（6）：1115-1127.

［41］黄季焜，冀县卿．农地使用权确权与农户对农地的长期投资［J］.管理世界，2012（9）：76-81.

［42］黄鹏进．产权秩序转型：农村集体土地纠纷的一个宏观解释［J］.南京农业大学学报（社会科学版），2018，18（1）：86-93.

［43］黄炜，张子尧，刘安然．从双重差分法到事件研究法［J］.产业经济评论，2022，49（2）：17-36.

［44］黄宇虹，樊纲治．土地确权对农民非农就业的影响——基于农村土地制度与农村金融环境的分析［J］.农业技术经济，2020（5）：93-106.

［45］冀县卿，黄季焜．改革三十年农地使用权演变：国家政策与实际执行的对比分析［J］.农业经济问题，2013，34（5）：27-32.

［46］蒋甲樱，李中，李祎萌，等．农村承包地确权对土地流转影响的

实证分析 [J]. 经济地理, 2022, 42 (7): 195 - 203.

[47] 焦娜, 郭其友. 农户生计策略识别及其动态转型 [J]. 华南农业大学学报 (社会科学版), 2020, 19 (2): 37 - 50.

[48] 匡远配, 陆钰凤. 我国农地流转 "内卷化" 陷阱及其出路 [J]. 农业经济问题, 2018 (9): 33 - 43.

[49] 黎洁, 李树苗, 费尔德曼. 山区农户林业相关生计活动类型及影响因素 [J]. 中国人口·资源与环境, 2010, 20 (8): 8 - 16.

[50] 黎毅, 罗剑朝. 农地确权对农户收入异质性的影响研究——基于西部六省份调研数据 [J]. 财贸研究, 2022, 33 (11): 27 - 38.

[51] 李博, 王瑞梅. 土地产权稳定性对农户耕地质量保护行为影响综述 [J]. 资源科学, 2021, 43 (5): 909 - 920.

[52] 李谷成, 冯中朝, 范丽霞. 小农户真的更加具有效率吗? 来自湖北省的经验证据 [J]. 经济学 (季刊), 2010, 9 (1): 95 - 124.

[53] 李虹韦, 钟涨宝. 农地确权对农地转出意愿的影响——基于确权制度可信度的调节效应分析 [J]. 资源科学, 2020, 42 (9): 1657 - 1667.

[54] 李江一, 仇童伟, 李涵. 农地确权影响农户收入的内在机制检验——基于中国家庭金融调查的面板证据 [J]. 南京农业大学学报 (社会科学版), 2021, 21 (4): 103 - 116.

[55] 李江一, 仇童伟. 农地确权与农业生产结构调整: 来自中国家庭金融调查的证据 [J]. 财贸研究, 2021, 32 (9): 57 - 69.

[56] 李江一. 农地确权对农民非农业劳动参与的影响 [J]. 经济科学, 2020 (1): 113 - 126.

[57] 李江一. 农地确权如何影响农地流转?——来自中国家庭金融调查的新证据 [J]. 中南财经政法大学学报, 2020 (2): 146 - 156.

[58] 李星光, 刘军弟, 霍学喜. 新一轮农地确权对农户生计策略选择的影响——以苹果种植户为例 [J]. 资源科学, 2019, 41 (10): 1923 - 1934.

[59] 李滋睿，屈冬玉．现代农业发展模式与政策需求分析 [J]．农业经济问题，2007 (9)：25 - 29．

[60] 林文声，秦明，苏毅清，等．新一轮农地确权何以影响农地流转？——来自中国健康与养老追踪调查的证据 [J]．中国农村经济，2017 (7)：29 - 43．

[61] 林文声，王志刚，王美阳．农地确权、要素配置与农业生产效率——基于中国劳动力动态调查的实证分析 [J]．中国农村经济，2018 (8)：64 - 82．

[62] 林文声，王志刚．中国农地确权何以提高农户生产投资？ [J]．中国软科学，2018 (5)：91 - 100．

[63] 林文声，杨超飞，王志刚．农地确权对中国农地经营权流转的效应分析——基于 H 省 2009 - 2014 年数据的实证分析 [J]．湖南农业大学学报（社会科学版），2016，17 (1)：15 - 21．

[64] 刘俊杰，张龙耀，王梦珺，等．农村土地产权制度改革对农民收入的影响——来自山东枣庄的初步证据 [J]．农业经济问题，2015，36 (6)：51 - 58．

[65] 刘魏，王小华．地权稳定与农户多维相对贫困：缓解途径与作用机制 [J]．山西财经大学学报，2020，42 (12)：15 - 29．

[66] 刘晓宇，张林秀．农村土地产权稳定性与劳动力转移关系分析 [J]．中国农村经济，2008 (2)：29 - 39．

[67] 鹿光耀，郭锦墉．乡村振兴背景下农村土地利用的政策供给研究 [J]．学术论坛，2022，45 (5)：125 - 132．

[68] 罗必良，洪炜杰，耿鹏鹏，等．赋权、强能、包容：在相对贫困治理中增进农民幸福感 [J]．管理世界，2021，37 (10)：166 - 181．

[69] 罗必良，洪炜杰．农地确权与农户要素配置的逻辑 [J]．农村经济，2020 (1)：1 - 7．

[70] 罗必良, 张露. 中国农地确权: 一个可能被过高预期的政策 [J]. 中国经济问题, 2020 (5): 17-31.

[71] 罗必良. 从产权界定到产权实施——中国农地经营制度变革的过去与未来 [J]. 农业经济问题, 2019 (1): 17-31.

[72] 罗必良. 农地确权、交易含义与农业经营方式转型——科斯定理拓展与案例研究 [J]. 中国农村经济, 2016, 383 (11): 2-16.

[73] 罗必良. 透视农地确权的经济效应 [J]. 财经问题研究, 2022 (8): 1-3.

[74] 罗必良. 农地确权、交易含义与农业经营方式转型——科斯定理拓展与案例研究 [J]. 中国农村经济, 2016 (11): 2-16.

[75] 罗美娟, 申小亮. 农地确权与农村劳动力就业选择——基于 CLDS 数据的实证分析 [J]. 南方人口, 2021, 36 (5): 37-51.

[76] 罗侬·普罗斯特曼. 解决中国农村土地制度现存问题的途径探讨 [C] //缪建平. 中外学者论农村 [M]. 北京: 华夏出版社, 1994.

[77] Michael Carter, 姚洋. 工业化、土地市场和农业投资 [J]. 经济学 (季刊), 2004 (3): 983-1002.

[78] 米运生, 石晓敏, 张佩霞. 农地确权与农户信贷可得性: 准入门槛视角 [J]. 学术研究, 2018 (9): 87-95.

[79] 缪书超, 钱龙, 宋亮. 农业补贴与农村家庭非农创业——基于中国家庭金融调查 (CHFS) 数据的实证分析 [J]. 农业经济问题, 2021 (3): 62-74.

[80] 宁静, 殷浩栋, 汪三贵. 土地确权是否具有益贫性?——基于贫困地区调查数据的实证分析 [J]. 农业经济问题, 2018 (9): 118-127.

[81] 彭开丽. "三权"分置背景下农户土地流转决策的形成机理与实证检验——基于湖北省 672 户农户的调研 [J]. 南京农业大学学报 (社会科学版), 2020, 20 (2): 116-127.

［82］彭文龙，吕晓，牛善栋 . 论耕地利用可持续集约化与农户生计转型［J］. 农业工程学报，2022，38（4）：270 - 277.

［83］钱龙，洪名勇 . 非农就业、土地流转与农业生产效率变化——基于 CFPS 的实证分析［J］. 中国农村经济，2016（12）：2 - 16.

［84］石敏，李琴 . 我国农地流转的动因分析——基于广东省的实证研究［J］. 农业技术经济，2014（1）：49 - 55.

［85］史常亮，栾江，朱俊峰 . 土地经营权流转、耕地配置与农民收入增长［J］. 南方经济，2017（10）：36 - 58.

［86］史常亮，栾江，朱俊峰 . 土地流转促进了农地资源的优化配置吗？——基于 8 省 858 个农户样本的经验分析［J］. 西北工业大学学报（社会科学版），2016，36（4）：20 - 29.

［87］史常亮，占鹏，朱俊峰 . 土地流转、要素配置与农业生产效率改进［J］. 中国土地科学，2020，34（3）：49 - 57.

［88］史常亮，张益，郭焱，等 . 耕地细碎化对农户化肥使用效率的影响［J］. 自然资源学报，2019，34（12）：2687 - 2700.

［89］史常亮，张益 . 土地确权与农村劳动力迁移——来自省级面板数据的证据［J］. 资源科学，2022，44（4）：647 - 659.

［90］史清华，徐翠萍 . 农户家庭农地流转行为的变迁和形成根源——1986—2005 年长三角 15 村调查［J］. 华南农业大学学报（社会科学版），2007，19（3）：1 - 9.

［91］宋全云，吴雨，何青 . 大学生村官能否促进农户增收？［J］. 世界经济文汇，2019（5）：27 - 42.

［92］宋维佳，刘凤芹 . 东北地区农业资源优化配置研究［J］. 财经问题研究，2007（5）：70 - 76.

［93］苏岚岚，孔荣 . 农地流转促进农民创业决策了吗？——基于三省 1947 户农户调查数据的实证［J］. 经济评论，2020（3）：69 - 86.

[94] 孙琳琳，杨浩，郑海涛．土地确权对中国农户资本投资的影响——基于异质性农户模型的微观分析 [J]．经济研究，2020，55（11）：156 – 173.

[95] 孙小宇，杨钢桥，陈爱丽．农地确权真的促进农地转出吗——基于农地依赖的调节效应分析 [J]．农业技术经济，2023（2）：64 – 77.

[96] 田媛，高延雷，马桂方．产权稳定对农地交易市场化的影响——基于 CRHPS 数据的实证分析 [J]．中南大学学报（社会科学版），2022，28（6）：106 – 122.

[97] 童馨乐，潘妍，胡迪，等．激励抑或阻滞：城乡收入差距对农户异地创业的影响 [J]．学习与实践，2019（5）：12 – 22.

[98] 汪险生，李宁．村庄民主与产权安全：来自农地确权的证据 [J]．农业经济问题，2019（12）：60 – 76.

[99] 王朝明，徐成波．中国农业生产经营体制创新的历史逻辑及路径选择——基于马克思恩格斯农业发展思想的视角 [J]．当代经济研究，2013（11）：40 – 46.

[100] 王杰，蔡志坚，吉星．生计资本对农村家庭创业的影响研究——基于家庭生命周期的异质性视角 [J]．世界农业，2022（3）：109 – 122.

[101] 王娟，吴海涛，丁士军．山区农户最优生计策略选择分析——基于滇西南农户的调查 [J]．农业技术经济，2014（9）：97 – 107.

[102] 王璐，杨汝岱，吴比．中国农户农业生产全要素生产率研究 [J]．管理世界，2020，36（12）：77 – 93.

[103] 王萍萍．土地确权对农业生产率的影响——基于中国家庭金融调查（CHFS）的双重差分研究 [J]．浙江农业学报，2023，35（2）：455 – 467.

[104] 王士海，王秀丽．农村土地承包经营权确权强化了农户的禀赋

效应吗？——基于山东省 117 个县（市、区）农户的实证研究 [J]. 农业经济问题，2018（5）：92 - 102.

[105] 王小龙，薛畅，许敬轩. 农地确权能促进农民自主创业吗？——基于 CLDS 数据的经验研究 [J]. 经济科学，2020（6）：111 - 123.

[106] 王修华，陈琳，傅扬. 金融多样性、创业选择与农户贫困脆弱性 [J]. 农业技术经济，2020（9）：63 - 78.

[107] 王亚辉，李秀彬，辛良杰，等. 中国土地流转的区域差异及其影响因素：基于 2003 - 2013 年农村固定观察点数据 [J]. 地理学报，2018，73（3）：487 - 502.

[108] 王震，辛贤. 土地跨村流转能否实现粮食生产率增长？——基于 15 省农户调查数据的实证分析 [J]. 中国农村观察，2022（2）：2 - 18.

[109] 吴亚玲，杨汝岱，吴比，等. 中国农业全要素生产率演进与要素错配——基于 2003 - 2020 年农村固定观察点数据的分析 [J]. 中国农村经济，2022（12）：35 - 53.

[110] 伍山林. 农业劳动力流动对中国经济增长的贡献 [J]. 经济研究，2016，51（2）：97 - 110.

[111] 武丽娟. 土地权能拓展与农民收入增长——来自农地确权的证据 [J]. 江西财经大学学报，2022（6）：108 - 119.

[112] 谢冬水. 农地转让权不完全与农村劳动力非永久迁移 [J]. 财贸研究，2014，25（1）：47 - 54.

[113] 谢玲红，吕开宇. "十四五"时期农村劳动力转移就业的五大问题 [J]. 经济学家，2020（10）：56 - 64.

[114] 徐尚昆，王璐，杨汝岱. 地权稳定与农业生产 [J]. 金融研究，2022（6）：133 - 152.

[115] 许恒周，牛坤在，谭荣辉. 农地确权、金融可得性与农户家庭贫困脆弱性 [J]. 经济与管理研究，2022，43（4）：111 - 125.

[116] 许恒周，张中举，田浩辰．农地确权政策对农户农地流转决策行为的影响分析——基于津鲁两地农户调查问卷的实证研究 [J]．中国农村研究，2016（1）：99-112．

[117] 杨广亮，王军辉．新一轮农地确权、农地流转与规模经营——来自 CHFS 的证据 [J]．经济学（季刊），2022，22（1）：129-152．

[118] 杨宏力，李宏盼．农地确权对农民收入的影响机理及政策启示 [J]．经济体制改革，2020（4）：86-93．

[119] 杨宏力．土地确权的内涵、效应、羁绊与模式选择：一个综述 [J]．聊城大学学报（社会科学版），2017（4）：121-128．

[120] 杨宏力．新一轮农村土地确权存在的问题及政策优化——基于山东省五市七镇的经验研究 [J]．山东大学学报（哲学社会科学版），2018（3）：110-121．

[121] 杨宗耀，纪月清．地权稳定性与农户土地投资：基于确权政策预期与落地影响差异的讨论 [J]．中国土地科学，2022，36（6）：66-75．

[122] 姚洋．农地制度与农业绩效的实证研究 [J]．中国农村观察，1998（6）：3-12．

[123] 姚洋．中国农地制度：一个分析框架 [J]．中国社会科学，2000（2）：54-65．

[124] 姚志，高鸣．中国农村承包地确权：政策演进、关键问题与产权优化 [J]．中国软科学，2022（6）：72-84．

[125] 叶剑平，丰雷，蒋妍，等．2008 年中国农村土地使用权调查研究——17 省份调查结果及政策建议 [J]．管理世界，2010（1）：64-73．

[126] 叶剑平，蒋妍，罗伊·普罗斯特曼，等．2005 年中国农村土地使用权调查研究——17 省调查结果及政策建议 [J]．管理世界，2006（7）：77-84．

[127] 尹志超，郭沛瑶，张琳琬．"为有源头活水来"：精准扶贫对农户信贷的影响 [J]．管理世界，2020，36（2）：59-71．

[128] 应瑞瑶，何在中，周南，等．农地确权、产权状态与农业长期投资——基于新一轮确权改革的再检验 [J]．中国农村观察，2018（3）：110-127．

[129] 袁志刚，解栋栋．中国劳动力错配对 TFP 的影响分析 [J]．经济研究，2011，46（7）：4-17．

[130] 占鹏．土地承包经营权确权对农地流转、农业投入和生产率的影响研究 [D]．北京：中国农业大学博士学位论文，2021．

[131] 张广财，田传浩，顾海英．土地产权保护与村庄犯罪——来自中国农地确权改革的证据 [J]．中国经济问题，2021（5）：183-200．

[132] 张国林，何丽．土地确权与农民财产性收入增长 [J]．改革，2021（3）：121-133．

[133] 张金明，陈利根．农村土地承包纠纷解决机制的多元化构建——基于土地诉讼、仲裁和调解的定位与协调 [J]．河北法学，2011，29（6）：41-45．

[134] 张军以，井金宸，苏维词．乡村振兴下贵州民族村寨农户生计转型机制与发展路径 [J]．贵州民族研究，2022，43（2）：138-143．

[135] 张莉，金江，何晶，等．农地确权促进了劳动力转移吗？——基于 CLDS 数据的实证分析 [J]．产业经济评论，2018，28（5）：88-102．

[136] 张良悦，刘东．农村劳动力转移与土地保障权转让及土地的有效利用 [J]．中国人口科学，2008（2）：72-79．

[137] 张莎莎，郑循刚．农户相对贫困缓解的内生动力 [J]．华南农业大学学报（社会科学版），2021，20（4）：44-53．

[138] 张仕超，郑栋升，蒋佳佳．土地流转农户生计转型中生计资本整合特征及效益 [J]．农业工程学报，2018，34（12）：274-281．

[139] 赵德昭. FDI 对农村剩余劳动力转移的影响：集聚抑或是扩散 [J]. 财贸经济，2018，39（1）：118 – 131.

[140] 赵鲲，刘磊. 关于完善农村土地承包经营制度发展农业适度规模经营的认识与思考 [J]. 中国农村经济，2016（4）：12 – 16.

[141] 赵微，张宁宁. 耕地经营规模、家庭生命周期与农户生计策略 [J]. 中国人口·资源与环境，2019，29（5）：157 – 164.

[142] 赵文娟，杨世龙，王潇. 基于 Logistic 回归模型的生计资本与生计策略研究——以云南新平县干热河谷傣族地区为例 [J]. 资源科学，2016，38（1）：136 – 143.

[143] 郑淋议，李烨阳，钱文荣. 土地确权促进了中国的农业规模经营吗？——基于 CRHPS 的实证分析 [J]. 经济学（季刊），2023，23（2）：447 – 463.

[144] 郑淋议，钱文荣，李烨阳. 农村土地确权对农户创业的影响研究——基于 CRHPS 的实证分析 [J]. 农业技术经济，2020（11）：17 – 30.

[145] 郑适，秦明，樊林峰，等. 最低工资、空间溢出与非农就业——基于空间杜宾模型的分析 [J]. 财贸经济，2016（12）：133 – 143.

[146] 郑阳阳，王丽明. 土地流转中为什么会形成大量小农复制 [J]. 西北农林科技大学学报（社会科学版），2020，20（4）：90 – 98.

[147] 钟晓萍，于晓华，唐忠. 地权的阶级属性与农地"三权分置"：一个制度演化的分析框架 [J]. 农业经济问题，2020（7）：47 – 57.

[148] 周丽，黎红梅，李培. 易地扶贫搬迁农户生计资本对生计策略选择的影响——基于湖南搬迁农户的调查 [J]. 经济地理，2020，40（11）：167 – 175.

[149] 周南，许玉韫，刘俊杰，等. 农地确权、农地抵押与农户信贷可得性——来自农村改革试验区准实验的研究 [J]. 中国农村经济，2019（11）：51 – 68.

［150］周其仁. 还权赋能——成都土地制度改革探索的调查研究［J］. 国际经济评论, 2010 (2)：54 – 92.

［151］周振, 孔祥智. 农业机械化对我国粮食产出的效果评价与政策方向［J］. 中国软科学, 2019 (4)：20 – 32.

［152］朱建军, 杨兴龙. 新一轮农地确权对农地流转数量与质量的影响研究——基于中国农村家庭追踪调查 (CRHPS) 数据［J］. 农业技术经济, 2019 (3)：63 – 74.

［153］朱明芬. 农民创业行为影响因素分析——以浙江杭州为例［J］. 中国农村经济, 2010 (3)：25 – 34.

［154］朱喜, 史清华, 盖庆恩. 要素配置扭曲与农业全要素生产率［J］. 经济研究, 2011, 46 (5)：86 – 98.

［155］左停, 王智杰. 穷人生计策略变迁理论及其对转型期中国反贫困之启示［J］. 贵州社会科学, 2011 (9)：54 – 59.

［156］Abadie A, Imbens G W. Matching on the estimated propensity score［J］. Econometrica, 2016, 84 (2)：781 – 807.

［157］Abdillah K K, Manaf A A. Land tenure security for low – income residents' urban livelihoods：A human development approach review of temporary occupation license［J］. Land Use Policy, 2022 (119)：106223.

［158］Adamopoulos T, Brandt L, Chen C, et al. Land Security and Mobility Frictions［J］. NBER Working Paper, 2022, No. w29666.

［159］Adamopoulos T, Brandt L, Leight J, et al. Misallocation, selection, and productivity：A quantitative analysis with panel data from China［J］. Econometrica, 2022, 90 (3)：1261 – 1282.

［160］Adu – Baffour F, Daum T, Birner R. Can small farms benefit from big companies' initiatives to promote mechanization in Africa? A case study from Zambia［J］. Food Policy, 2019 (84)：133 – 145.

[161] Albertus M, Kaplan O. Land reform as a counterinsurgency policy: Evidence from Colombia [J]. Journal of Conflict Resolution, 2013, 57 (2): 198 - 231.

[162] Ali D A, Deininger K, Goldstein M. Environmental and gender impacts of land tenure regularization in Africa: Pilot evidence from Rwanda [J]. Journal of Development Economics, 2014 (110): 262 - 275.

[163] Angrist J D, Pischke J S. Mostly harmless econometrics: An empiricist's companion [M]. Princeton: Princeton University Press, 2009.

[164] Angrist J D. Lifetime earnings and the Vietnam era draft lottery: evidence from social security administrative records [J]. The American Economic Review, 1990, 80 (3): 313 - 336.

[165] Atwood D A. Land registration in Africa: The impact on agricultural production [J]. World Development, 1990, 18 (5): 659 - 671.

[166] Barrett C B, Bezuneh M, Aboud A. Income diversification, poverty traps and policy shocks in Côte d'Ivoire and Kenya [J]. Food Policy, 2001, 26 (4): 367 - 384.

[167] Bellemare M F. The productivity impacts of formal and informal land rights: Evidence from Madagascar [J]. Land Economics, 2013, 89 (2): 272 - 290.

[168] Besley T, Burgess R. Land reform, poverty reduction, and growth: Evidence from India [J]. The Quarterly Journal of Economics, 2000, 115 (2): 389 - 430.

[169] Besley T, Ghatak M. Property rights and economic development [M]. Handbook of Development Economics, Elsevier, 2010 (5): 4525 - 4595.

[170] Besley T. Property rights and investment incentives: Theory and ev-

idence from Ghana [J]. Journal of Political Economy, 1995, 103 (5): 903 – 937.

[171] Bond S R, Hoeffler A, Temple J R W. GMM Estimation of Empirical Growth Models [R]. CEPR Discussion Papers, 2001, No. 3048.

[172] Caliendo M, Kopeinig S. Some practical guidance for the implementation of propensity score matching [J]. Journal of Economic Surveys, 2008, 22 (1): 31 – 72.

[173] Carter M R, Yao Y. Specialization without regret: Transfer rights, agricultural productivity, and investment in an industrializing economy [M]. Washington World Bank Publications, 1999.

[174] Chari A, Liu E M, Wang S Y, et al. Property rights, land misallocation, and agricultural efficiency in China [J]. The Review of Economic Studies, 2021, 88 (4): 1831 – 1862.

[175] Chen C. Untitled land, occupational choice, and agricultural productivity [J]. American Economic Journal: Macroeconomics, 2017, 9 (4): 91 – 121.

[176] Chen Y, Wang H, Cheng Z, et al. Early – life experience of land reform and entrepreneurship [J]. China Economic Review, 2023 (79): 101966.

[177] Cheng W, Xu Y, Zhou N, et al. How did land titling affect China's rural land rental market? Size, composition and efficiency [J]. Land Use Policy, 2019 (82): 609 – 619.

[178] Chernina E, Dower P C, Markevich A. Property rights, land liquidity, and internal migration [J]. Journal of Development Economics, 2014 (110): 191 – 215.

[179] Coelli T, Fleming E. Diversification economies and specialisation efficiencies in a mixed food and coffee smallholder farming system in Papua New

Guinea [J]. Agricultural Economics, 2004, 31 (2-3): 229-239.

[180] Cong S. The Impact of Agricultural Land Rights Policy on the Pure Technical Efficiency of Farmers' Agricultural Production: Evidence from the Largest Wheat Planting Environment in China [J]. Journal of Environmental and Public Health, 2022 (2022).

[181] Conning J H, Robinson J A. Property rights and the political organization of agriculture [J]. Journal of Development Economics, 2007, 82 (2): 416-447.

[182] Cornia G A. Farm size, land yields and the agricultural production function: An analysis for fifteen developing countries [J]. World Development, 1985, 13 (4): 513-534.

[183] De Brauw A, Mueller V. Do limitations in land rights transferability influence mobility rates in Ethiopia? [J]. Journal of African Economies, 2012, 21 (4): 548-579.

[184] De Janvry A, Emerick K, Gonzalez-Navarro M, et al. Delinking land rights from land use: Certification and migration in Mexico [J]. American Economic Review, 2015, 105 (10): 3125-3149.

[185] De La Rupelle M, Deng Q, Shi L, et al. Land Rights Insecurity and Temporary Migration in Rural China [R]. IZA Discussion Paper, 2009, No. 4668.

[186] De Soto H. The Mystery of Capital: Why Capitalism Succeeds in the West and Fails Everywhere Else [M]. New York: Basic Books, 2000.

[187] Deininger K, Ali D A, Alemu T. Impacts of land certification on tenure security, investment, and land market participation: Evidence from Ethiopia [J]. Land Economics, 2011, 87 (2): 312-334.

[188] Deininger K, Ali D A, Holden S, et al. Rural land certification in Ethiopia: Process, initial impact, and implications for other African countries

[J]. World Development, 2008, 36 (10): 1786 – 1812.

[189] Deininger K, Jin S, Rozelle S. Dynamics of Legal Change in a Decentralized Setting: Evidence from China's Rural Land Contracting Law [R]. World Band Policy Research Working Paper, 2006, No. 3981.

[190] Deininger K, Jin S, Xia F, et al. Moving off the farm: Land institutions to facilitate structural transformation and agricultural productivity growth in China [J]. World Development, 2014 (59): 505 – 520.

[191] Deininger K, Jin S. Land sales and rental markets in transition: Evidence from rural Vietnam [J]. Oxford Bulletin of Economics and Statistics, 2008, 70 (1): 67 – 101.

[192] Deininger K, Jin S. The potential of land rental markets in the process of economic development: Evidence from China [J]. Journal of Development Economics, 2005, 78 (1): 241 – 270.

[193] Do Q T, Iyer L. Land titling and rural transition in Vietnam [J]. Economic Development and Cultural Change, 2008, 56 (3): 531 – 579.

[194] Efobi U R, Beecroft I, Atata S N. Female access and rights to land, and rural non – farm entrepreneurship in four African countries [J]. African Development Review, 2019, 31 (2): 179 – 189.

[195] Feder G, Nishio A. The benefits of land registration and titling: Economic and social perspectives [J]. Land Use Policy, 1998, 15 (1): 25 – 43.

[196] Feder G. Land ownership security and farm productivity: Evidence from Thailand [J]. The Journal of Development Studies, 1987, 24 (1): 16 – 30.

[197] Field E. Entitled to work: Urban property rights and labor supply in Peru [J]. The Quarterly Journal of Economics, 2007, 122 (4): 1561 – 1602.

[198] Foster W, Valdés A, Davis B, et al. The constraints to escaping rural poverty: An analysis of the complementarities of assets in developing countries

［J］. Applied Economic Perspectives and Policy, 2011, 33 (4): 528 – 565.

［199］ Galiani S, Schargrodsky E. Land property rights and resource allocation ［J］. The Journal of Law and Economics, 2011, 54 (4): 329 – 345.

［200］ Gao X, Shi X, Fang S. Property rights and misallocation: Evidence from land certification in China ［J］. World Development, 2021 (147): 105632.

［201］ García Hombrados J, Devisscher M, Herreros Martínez M. The impact of land titling on agricultural production and agricultural investments in Tanzania: A theory – based approach ［J］. Journal of Development Effectiveness, 2015, 7 (4): 530 – 544.

［202］ Ghebru H, Holden S T. Technical efficiency and productivity differential effects of land right certification: A quasi – experimental evidence ［J］. Quarterly Journal of International Agriculture, 2015, 54 (1): 1 – 31.

［203］ Giles J, Mu R. Village political economy, land tenure insecurity, and the rural to urban migration decision: Evidence from China ［J］. American Journal of Agricultural Economics, 2018, 100 (2): 521 – 544.

［204］ Gray C L. Environment, land, and rural out – migration in the southern Ecuadorian Andes ［J］. World Development, 2009, 37 (2): 457 – 468.

［205］ Hansen B E. Threshold effects in non – dynamic panels: Estimation, testing, and inference ［J］. Journal of Econometrics, 1999, 93 (2): 345 – 368.

［206］ Hare D. The origins and influence of land property rights in Vietnam ［J］. Development Policy Review, 2008, 26 (3): 339 – 363.

［207］ He D, Zhang G, You K, et al. Property rights and market participation: Evidence from the land titling program in rural China ［J］. Journal of Chinese Governance, 2023, 8 (1): 110 – 133.

［208］ Higgins D, Balint T, Liversage H, et al. Investigating the impacts of increased rural land tenure security: A systematic review of the evidence [J]. Journal of Rural Studies, 2018 (61): 34 – 62.

[209] Holden S T, Deininger K, Ghebru H. Impacts of low – cost land certification on investment and productivity [J]. American Journal of Agricultural Economics, 2009, 91 (2): 359 – 373.

[210] Holden S T, Deininger K, Ghebru H. Tenure insecurity, gender, low – cost land certification and land rental market participation in Ethiopia [J]. The Journal of Development Studies, 2011, 47 (1): 31 – 47.

[211] Holden S, Yohannes H. Land redistribution, tenure insecurity, and intensity of production: A study of farm households in Southern Ethiopia [J]. Land Economics, 2002, 78 (4): 573 – 590.

[212] Houngbedji K. Property rights and labour supply in ethiopia [J]. Annals of Economics and Statistics, 2018 (131): 137 – 179.

[213] Huffman W E, Evenson R E. Structural and productivity change in US agriculture, 1950 – 1982 [J]. Agricultural Economics, 2001, 24 (2): 127 – 147.

[214] Islam M R, Madsen J B, Raschky P A. Gold and silver mining in the 16th and 17th centuries, land titles and agricultural productivity [J]. European Journal of Political Economy, 2015 (39): 150 – 166.

[215] Jacoby H G, Minten B. Is land titling in Sub – Saharan Africa cost – effective? Evidence from Madagascar [J]. The World Bank Economic Review, 2007, 21 (3): 461 – 485.

[216] Jacoby H, Minten B. Land titles, investment, and agricultural Productivity in madagascar: A poverty and social impact analysis [R]. World Bank Other Operational Studies, 2006 (12661).

[217] Jakobsen J, Rasmussen K, Leisz S, et al. The effects of land tenure

policy on rural livelihoods and food sufficiency in the upland village of Que, North Central Vietnam [J]. Agricultural Systems, 2007, 94 (2): 309 – 319.

[218] Jin S, Deininger K. Land rental markets in the process of rural structural transformation: Productivity and equity impacts from China [J]. Journal of Comparative Economics, 2009, 37 (4): 629 – 646.

[219] Johnson D G. Agriculture and the Wealth of Nations [J]. The American Economic Review, 1997, 87 (2): 1 – 12.

[220] Johnson N L. Tierra Y libertad: Will tenure reform improve productivity in Mexico's ejido agriculture? [J]. Economic Development and Cultural Change, 2001, 49 (2): 291 – 309.

[221] Kenfack Essougong U P, Teguia S J M. How secure are land rights in Cameroon? A review of the evolution of land tenure system and its implications on tenure security and rural livelihoods [J]. GeoJournal, 2019 (84): 1645 – 1656.

[222] Kubitza C, Krishna V V, Urban K, et al. Land property rights, agricultural intensification, and deforestation in Indonesia [J]. Ecological Economics, 2018 (147): 312 – 321.

[223] LaFave D, Thomas D. Farms, families, and markets: New evidence on completeness of markets in agricultural settings [J]. Econometrica, 2016, 84 (5): 1917 – 1960.

[224] Lawry S, Samii C, Hall R, et al. The impact of land property rights interventions on investment and agricultural productivity in developing countries: a systematic review [J]. Journal of Development Effectiveness, 2017, 9 (1): 61 – 81.

[225] Li J, Zhang C, Mi Y. Land titling and internal migration: Evidence from China [J]. Land Use Policy, 2021 (111): 105763.

[226] Lokshin M, Sajaia Z. Impact of interventions on discrete outcomes:

Maximum likelihood estimation of the binary choice models with binary endogenous regressors [J]. The Stata Journal, 2011, 11 (3): 368 –385.

[227] Lovo S. Tenure insecurity and investment in soil conservation. Evidence from Malawi [J]. World Development, 2016 (78): 219 –229.

[228] Lysenkova S N. Modern aspects of concentration and specialization of agricultural production in Bryansk oblast [J]. Studies on Russian Economic Development, 2015 (26): 165 –167.

[229] Ma X, Heerink N, Van Ierland E, et al. Land tenure insecurity and rural – urban migration in rural China [J]. Papers in Regional Science, 2016, 95 (2): 383 –406.

[230] Macours K, De Janvry A, Sadoulet E. Insecurity of property rights and social matching in the tenancy market [J]. European Economic Review, 2010, 54 (7): 880 –899.

[231] Magazzini L, Bruno R L, Stampini M. Using information from singletons in fixed – effects estimation: Xtfesing [J]. The Stata Journal, 2020, 20 (4): 965 –975.

[232] Markussen T. Property rights, productivity, and common property resources: Insights from rural Cambodia [J]. World Development, 2008, 36 (11): 2277 –2296.

[233] Marschak J, Andrews W H. Random simultaneous equations and the theory of production [J]. Econometrica, Journal of the Econometric Society, 1944: 143 –205.

[234] Mbudzya J J, Gido E O, Owuor G. Effect of land tenure security on agricultural productivity among small scale farmers in Kenya: A conditional mixed processes analysis [J]. Cogent Food & Agriculture, 2022, 8 (1): 2139805.

[235] Melesse M B, Bulte E. Does land registration and certification boost

farm productivity? Evidence from Ethiopia [J]. Agricultural Economics, 2015, 46 (6): 757 – 768.

[236] Mullan K, Grosjean P, Kontoleon A. Land tenure arrangements and rural – urban migration in China [J]. World Development, 2011, 39 (1): 123 – 133.

[237] Nakasone E. The impact of land titling on labor allocation: Evidence from rural Peru [R]. IFPRI – Discussion Papers, 2011, No. 01111.

[238] Newman C, Tarp F, Van Den Broeck K. Property rights and productivity: The case of joint land titling in Vietnam [J]. Land Economics, 2015, 91 (1): 91 – 105.

[239] North D C, Thomas R P. The rise of the western world: A new economic history [M]. Cambridge University Press, 1973.

[240] Nunn N, Wantchekon L. The slave trade and the origins of mistrust in Africa [J]. American Economic Review, 2011, 101 (7): 3221 – 3252.

[241] Ouedraogó R S, Sawadogo J P, Stamm V, et al. Tenure, agricultural practices and land productivity in Burkina Faso: Some recent empirical results [J]. Land Use Policy, 1996, 13 (3): 229 – 232.

[242] Paudel G P, Kc D B, Justice S E, et al. Scale – appropriate mechanization impacts on productivity among smallholders: Evidence from rice systems in the mid – hills of Nepal [J]. Land Use Policy, 2019 (85): 104 – 113.

[243] Piza C, de Moura M J S B. The effect of a land titling programme on households' access to credit [J]. Journal of Development Effectiveness, 2016, 8 (1): 129 – 155.

[244] Place F, Hazell P. Productivity effects of indigenous land tenure systems in sub – Saharan Africa [J]. American journal of agricultural economics, 1993, 75 (1): 10 – 19.

［245］Place F, Migot－Adholla S E. The economic effects of land registration on smallholder farms in Kenya：Evidence from Nyeri and Kakamega districts ［J］. Land Economics, 1998, 74 （3）：360－373.

［246］Pritchard M F. Land, power and peace：Tenure formalization, agricultural reform, and livelihood insecurity in rural Rwanda ［J］. Land Use Policy, 2013, 30 （1）：186－196.

［247］Qin M, Lin W, Li J, et al. Impact of land registration and certification on land rental by Chinese farmers ［J］. Land Use Policy, 2020 （99）：104875.

［248］Ren G, Zhu X, Heerink N, et al. Rural household migration in China：The roles of actual and perceived tenure security ［J］. China Economic Review, 2020, DOI：10. 1016/j. chieco. 2020. 101534.

［249］Rosenbaum P R, Rubin D B. Assessing sensitivity to an unobserved binary covariate in an observational study with binary outcome ［J］. Journal of the Royal Statistical Society, 1983, 45 （2）：212－218.

［250］Rosenbaum P R, Rubin D B. Constructing a control group using multivariate matched sampling methods that incorporate the propensity score ［J］. The American Statistician, 1985, 39 （1）：33－38.

［251］Senda T S, Robinson L W, Gachene C K K, et al. Formalization of communal land tenure and expectations for pastoralist livelihoods ［J］. Land Use Policy, 2022 （114）：105961.

［252］Shackleton C M, McGarry D, Fourie S, et al. Assessing the effects of invasive alien species on rural livelihoods：Case examples and a framework from South Africa ［J］. Human Ecology, 2007 （35）：113－127.

［253］Shackleton C M, Shackleton S E, Buiten E, et al. The importance of dry woodlands and forests in rural livelihoods and poverty alleviation in South Africa ［J］. Forest Policy and Economics, 2007, 9 （5）：558－577.

［254］Sheng Y, Tian X, Qiao W, et al. Measuring agricultural total factor productivity in China: Pattern and drivers over the period of 1978 – 2016 ［J］. Australian Journal of Agricultural and Resource Economics, 2020, 64（1）: 82 – 103.

［255］Sitko N J, Chamberlin J, Hichaambwa M. Does smallholder land titling facilitate agricultural growth?: An analysis of the determinants and effects of smallholder land titling in Zambia ［J］. World Development, 2014（64）: 791 – 802.

［256］Smith J A, Todd P E. Does matching overcome LaLonde's critique of nonexperimental estimators? ［J］. Journal of Econometrics, 2005, 125（1 – 2）: 305 – 353.

［257］Smith R E. Land tenure, fixed investment, and farm productivity: Evidence from Zambia's Southern Province ［J］. World Development, 2004, 32（10）: 1641 – 1661.

［258］Valsecchi M. Land property rights and international migration: Evidence from Mexico ［J］. Journal of Development Economics, 2014（110）: 276 – 290.

［259］Van Gelder J L. What tenure security? The case for a tripartite view ［J］. Land Use Policy, 2010, 27（2）: 449 – 456.

［260］Walelign S Z, Pouliot M, Larsen H O, et al. Combining household income and asset data to identify livelihood strategies and their dynamics ［J］. The Journal of Development Studies, 2017, 53（6）: 769 – 787.

［261］Wang H, Riedinger J, Jin S. Land documents, tenure security and land rental development: Panel evidence from China ［J］. China Economic Review, 2015（36）: 220 – 235.

［262］Wang Y, Li X, Li W, et al. Land titling program and farmland rental market participation in China: Evidence from pilot provinces ［J］. Land Use Policy, 2018（74）: 281 – 290.

［263］Xu L, Du X. Land certification, rental market participation, and household welfare in rural China ［J］. Agricultural Economics, 2022, 53 (1): 52 – 71.

［264］Yami M, Snyder K A. After all, land belongs to the state: Examining the benefits of land registration for smallholders in Ethiopia ［J］. Land Degradation & Development, 2016, 27 (3): 465 – 478.

［265］Yan X, Huo X. Drivers of household entry and intensity in land rental market in rural China: Evidence from North Henan Province ［J］. China Agricultural Economic Review, 2016.

［266］Yang D T. China's land arrangements and rural labor mobility ［J］. China Economic Review, 1997, 8 (2): 101 – 115.

［267］Yang F, Liu W, Wen T. The rural household's entrepreneurship under the land certification in China ［J］. Cogent Economics & Finance, 2022, 10 (1): 2091088.

［268］Yovo K, Kolani L. Does land title increase agricultural investments and productivity? Evidence from Togo ［J］. Journal of Innovations and Sustainability, 2022, 6 (3): 04.

［269］Zhang L, Cao Y, Bai Y. The impact of the land certificated program on the farmland rental market in rural China ［J］. Journal of Rural Studies, 2022 (93): 165 – 175.

［270］Zhao M, Guo W. Does land certification stimulate farmers' Entrepreneurial enthusiasm? Evidence from rural China ［J］. Sustainability, 2022, 14 (18): 11453.